新しい
ジュニア
サッカー
入門

アーセナルサッカースクール市川代表
幸野健一 監修

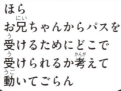
ほら
お兄ちゃんからパスを
受けるためにどこで
受けられるか考えて
動いてごらん

ここにいるだけじゃ
ダメなんだ…

パスをゴールに
つなげやすい
場所…！

はじめに

サッカーがうまくなるには何をすればよいと思いますか？
ボールを自在に操る曲芸師のようなボールテクニックを
身につけることが、一番だと思ってはいませんか？

本当のサッカーのテクニックとは、試合で使うものだけです。
小手先の技術を練習しつづけてもあまり意味はありません。
それよりも、試合で必要になる判断を
ともなった技術を身につけることを、
トレーニングすることを一番に考えましょう。

そして、プレーするなかでいろいろなアイデアが生まれます。
アイデア、つまり新しい発見がサッカーをもっと楽しくします。
楽しくなければサッカーをやる意味はありません。
自分でどんなプレーをしようかと考えるだけで、
ワクワクは止まらないはずです。

サッカーは自由です。
自由だからこそ、サッカーをしようと思っていることでしょう。
それが、サッカーの醍醐味であり、本質になるのです。
楽しくサッカーをするためにも、
サッカーで必要な技術やプレーの考え方を学びましょう！

アーセナルサッカースクール市川代表
幸野健一

サッカーは自由で楽しい!
だからこそ、自分で考えて
プレーすることが大切だ!

マンガ
サッカーはサッカーでしかうまくならない! ……2

マンガで紹介した練習はコレだ!

ファーストタッチとターン ……36
三角形のパス&コントロール ……68
2対1での突破からフィニッシュ ……94

はじめに ……12
本書の特長、使い方／動画の見方 ……18

1章
サッカーに必要な動きをきたえる!
ボールフィーリング ……21

サッカーに必要なアクションとボールフィーリング ……22
トッププロのお手本 アザールのボールタッチとアクション ……24

アクション&ボールフィーリング練習
QR 01 バンドトレーニングからジャンプ ……26
QR 02 バンドトレーニングからダッシュ ……27
QR 03 綱くぐりからジャンプヘッド ……28
QR 04 ヴァイパートレーニング ……29
QR 05 空中のテニスボールをキャッチ ……30
QR 06 ドリブルからの複合トレーニング ……32
QR 07 シュートを入れた複合トレーニング ……34
QR 08 ファーストタッチとターン ……36
QR 09 判断しながらファーストタッチ ……38
QR 10 相手をかわすファーストタッチ ……40
コーチからの上達アドバイス① ●練習は短時間で集中しよう ……42

2章
ボールを思いどおりに操る!
パス&コントロール ……43

自由に止めて自在に蹴る。パス&コントロール ……44
トッププロのお手本 イニエスタのボールコントロール ……46

QR QRコードから動画が見られるよ！

トッププロのお手本 イニエスタのパス ……………………………………………… 48
パス＆コントロールの練習
QR 01 対面のパス＆コントロール ………………………………………………… 50
QR 02 浮き球を処理するコントロール …………………………………………… 52
QR 03 ファーストタッチでターン ………………………………………………… 54
　　コツ 両足を使いわけてプレーする ………………………………………… 56
QR 04 ターンのコントロール ……………………………………………………… 58
　　コツ いろいろなタッチでターンする ……………………………………… 60
QR 05 ブロックしながらコントロール …………………………………………… 62
　　コツ❶ 相手にカラダを当ててあずける ………………………………… 64
　　コツ❷ 半身からターンする ………………………………………………… 66
QR 06 三角形のパス＆コントロール ……………………………………………… 68
　　コツ 遠い足でコントロール ………………………………………………… 70
QR 07 ワンタッチでのパス＆コントロール ……………………………………… 72
総合練習
QR 6ヶ所のパス＆コントロール ……………………………………………………… 74
コーチからの上達アドバイス②●ケガの抑制とカラダの成長 ……………… 76

3 章

突破のテクニックを身につける！

ドリブル ……………………………………………………………………………………… 77
状況に応じた試合で使えるドリブルを身につける ………………………………… 78
トッププロのお手本 メッシのドリブル ……………………………………………… 80
ドリブルの練習
QR 01 ファーストタッチからドリブル …………………………………………… 82
　　コツ 両足を使いわけてドリブル ………………………………………… 84
QR 02 トップスピードでのドリブル ……………………………………………… 86
QR 03 トップスピードからの1対1 ………………………………………………… 88
QR 04 ボディコンタクトからの1対1 ……………………………………………… 90
QR 05 ボールキープからの突破 …………………………………………………… 92
総合練習
QR 2対1での突破からフィニッシュ ……………………………………………… 94
コーチからの上達アドバイス③●15歳までにパーフェクトスキルを身につける ……… 96

15

正しく判断しゴールを決める！
シュート ……………………………………………………………… 97

ゴール前のプレーを練習して自分の引き出しを増やす …………… 98
トッププロのお手本 ロナウドのシュート ………………………… 100

シュートとゴール前の練習
QR 01 ランダムコーンのなかでシュート ……………………… 102
 コツ1 蹴ったあとに軸足を飛ばす …………………………… 104
 コツ2 ゴールを面積ではなく体積で考える ………………… 106
QR 02 ランダムコーンのなかでパスを受ける ……………… 108
 コツ1 「く」の字に動くケブラ ……………………………… 110
 コツ2 バックステップを踏むジャグナウ …………………… 112
 コツ3 斜めに動くダイアゴナル ……………………………… 114
QR 03 ランダムコーンのなかでのコンビネーション ……… 116
 コツ フォワードのポストプレー …………………………… 118

総合練習
QR 01 パターンシュートトレーニング ……………………… 120
 コツ1 ゼロポジションからのカットイン …………………… 122
 コツ2 パスを引き出すプルアウェイ ………………………… 124
QR 02 シュートゲーム ………………………………………… 126
コーチからの上達アドバイス④●試合を想定したトレーニングをしよう …… 128

5章 相手を自由にプレーさせない！
ディフェンス ……………………………………………………… 129
守備の原理原則を知り仲間と連携して守る ………………………… 130
トッププロのお手本 ゴディンのディフェンス …………………… 132
ディフェンスの練習
- QR 01 アプローチとドッジング ……………………………… 134
- QR 02 アプローチから球際 …………………………………… 136
- QR 03 デスマルケからの1対1 ……………………………… 138
- QR 04 チャレンジ&カバー …………………………………… 140

コーチからの上達アドバイス⑤●理想のサッカーをたくさん観よう ……… 142

6章 実戦力を高める！
ポジショニング&ゲーム ………………………………………… 143
サッカーのほとんどの時間はボールをもたない状況だと知ろう ……… 144
トッププロのお手本 ブスケツのプレーの流れ …………………… 146
ポジショニング&ゲームの練習
- QR 01 ポゼッショントレーニング …………………………… 148
  - コツ1 リターンしてギャップで受ける ………………… 150
  - コツ2 引きつけてからサイドチェンジ ………………… 152
- QR 02 3グリッド・ライン通過ゲーム ……………………… 154

指導者の心得 日本に、世界基準の環境をつくるのが指導者の役目 ……… 156
おわりに ………………………………………………………………… 159

ここが新しい！本書の特長

この本は、最新の考え方やサッカーがうまくなる練習を中心にまとめた、まったく新しい内容になっています。ここではこの本の特長を紹介します。

ポイント1 レベルアップできる練習方法を紹介！

この本では、はじめてサッカーをする人からすでにサッカーをやっている人まで、レベルアップできる練習方法を中心に紹介しています。ただ練習をこなすのではなく、自分で考えながら、そして楽しみながら行いましょう。

ポイント2 動画でも練習やプレーが見られる！

この本に出てくる練習方法は、すべて動画で見られます。本とあわせて見ることで、練習の動きがよりわかりやすくなり、プレーをイメージすることができます。動画の見方は20ページで詳しく紹介しています。

ポイント3 プロのお手本とマネをしたいポイント

各章のはじめに、トッププロプレーヤーのお手本を紹介しています。選手の特長やプレーのスゴさ、マネしてもらいたいポイントを解説しています。皆さんに役立つポイントをピックアップしていますので、ぜひご覧ください。

本書の使い方

練習メニュー名 　　　　　練習のポイント解説 　　　QRコード

練習ページ

練習メニューの概要

プレーの悩みやポイントをコーチが解説

こんなコツがあるぞ！

ポイントやプレーのアイデアを解説

プレーのコツ　　　　　　プレーのコツを解説

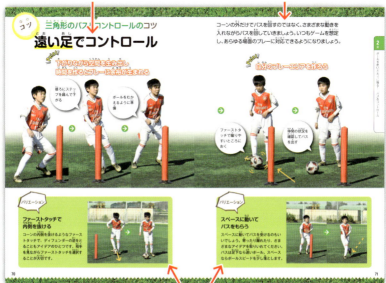

コツページ

練習やプレーのバリエーションを紹介

動画の見方

ページにあるQRコードを、スマートフォンやタブレットのカメラやバーコードリーダー機能で読みとり動画を再生します。やり方が難しい場合は、お父さんやお母さんと一緒にやってみましょう。

1 カメラを起動

スマートフォンやタブレットのカメラを起動します。または、バーコードリーダー機能のアプリを立ち上げます。

本のページのココを読みとる！

2 QRを読みとるモードにする

「読みとりカメラ」など、QRコードを読みとれるモードにします。機種によっては自動で読みとるモードになるものもあります。

3 QRコードを写す

画面にQRコードが表示されるようにします。その状態で少し待ちましょう。

4 表示されたURLをタップ

動画のアドレスが表示されるので、そこをタップすると動画がはじまります。

注意点

❶ 動画を観るときは別途通信料がかかります。Wi-Fi環境下で動画を観ることをおすすめします。

❷ 機種ごとの操作方法や設定に関してのご質問には対応しかねます。ご了承ください。

❸ 動画の著作権は株式会社池田書店に属します。個人ではご利用いただけますが、再配布や販売、営利目的の利用はお断りします。

1章

サッカーに必要な動きをきたえる！
【ボールフィーリング】

サッカーの基礎となる
フィジカル的なアクションや
ボールフィーリングを学びましょう。

この章に出てくる
全練習の動画

サッカーに必要な
アクションと
ボールフィーリング

カラダを自在に動かそう！

[コーディネーションを身につける]

　どんなスポーツでも、その運動をやるためのカラダをつくる必要があります。サッカーに必要なアクション、つまり、カラダの動きを身につけることからはじめましょう。
　ジュニア年代は、いろいろな動きをとりいれることが大切です。現代では、外遊びをする時間が少なくなり、カラダを自在に操る動き＝コーディネーションの動きがたりません。これらサッカー以外の動きをきたえるために、26ページから紹介しているメニューを行いましょう。チームメイトと競争しながら行えば、楽しく練習できます。

動きながらボールをたくさんタッチ

サッカーに必要なアクションであるフィジカルトレーニングと、ボールフィーリングはセットで行うことがおすすめです。ウォーミングアップで、ドリブルにパス、コントロール、シュートなどプレーを複合させることで、よりサッカーに近づきます。

ドリブルだけのアクションではなく、ドリブルしながらいつでもパスやシュートがあるように、2つ以上のプレーをミックスすれば、とても効率のよいトレーニングになります。大切なのはつねに動きながらプレーすること。試合に近い状況でトレーニングします。

1章 サッカーに必要な動きをきたえる！ ボールフィーリング

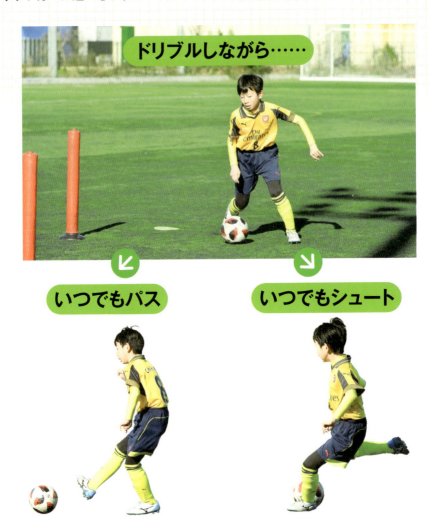

ドリブルしながら……

いつでもパス

いつでもシュート

お手本

トッププロのお手本

アザールのボールタッチとアクション

[カラダの使い方とバランス力]

　ベルギーを代表するアタッカー、エデン・アザール選手は、世界屈指のドリブルテクニックをもっています。アザールのドリブルは、一瞬の加速で相手をおきざりにするのが特徴的ですが、それらのアクションをスムーズに行うことができるカラダの使い方やバランス力がとても優れています。

　上の写真のように、低い重心から左右にステップを踏んでもブレずに、ターンしてボールを運び出すことができます。これらは日頃のトレーニングで、強靭なフィジカルと動きのコーディネーションをきたえている結果です。

世界のトッププレーヤーは技術力が高いのはもちろん、サッカーに必要とされるフィジカル（カラダの強さ）やコーディネーション能力をもっています。子どものころから、さまざまな動きを練習していたからに違いありません。

ジャンプヘッドは空間認知力が大事

空中のボールをジャンプヘッドするときは、飛んできたボールの落下地点を見極める必要があります。この能力は空間認知力と呼ばれ、だれもが身につけてもらいたいですが、なかでもディフェンダーには必要です。フランス代表のヴァランのように競り合いで勝てる選手は空間認知力も高いといえます。

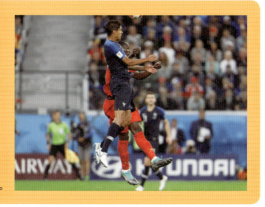

アクション&ボールフィーリング練習 01
バンドトレーニングからジャンプ

バンドを両足にはさんで、足を速く動かしてみましょう。その場でダッシュするイメージです。10秒ほど行ったら、次はその場で5回ジャンプします。

Point 両手を使って全身を動かす

足は肩幅くらいに開く

真上に高くジャンプする

何のための練習ですか？

サッカーで重要なお尻の筋肉に刺激をあたえるために行う練習だよ。ウォーミングアップとしてとり入れるのがおすすめだ。

練習 アクション＆ボールフィーリング練習 02
バンドトレーニングからダッシュ

バンドを腰に巻きつけ仲間にもってもらい、その場ダッシュをしたあとに前にダッシュするメニューです。その場ダッシュの足の動きをゆるめずにダッシュするように意識しましょう。

Point
バンドをもつ仲間を引っぱるくらいの意識をもとう

- バンドでささえながら10秒ほどその場ダッシュ
- 10mをダッシュで駆けぬける

ポイント

バンドを腰に巻きぐっと踏んばろう

サポートするプレーヤーは、プレーヤーの腰あたり、お腹にバンドを巻いたら、引っぱられないようにその場で「ぐっ」と踏んばることが大切です。

アクション&ボールフィーリング練習 03
綱くぐりからジャンプヘッド

スタートの合図で綱をもち上げてくぐり、ダッシュしてからジャンプヘッドします。3つのアクションをすばやく、正確に行う意識をもちましょう。

Point
手だけで綱をもち上げようとせず
全身を使うことがポイント！

綱を越えてからもち上げる

コーチのもつ的にジャンプヘッド

ジャンプの頂点でヘディングする

ジャンプヘッドは、ジャンプしたときにもっとも高い位置（打点）でヘディングするようにしましょう。ボールを使ったジャンプヘッドのポイントにもなります。

練習

アクション&ボールフィーリング練習 04
ヴァイパートレーニング

ヴァイパーという筒状のトレーニング器具を使い全身運動をすることで、体幹やバランスを強化します。その場で左右にステップを踏みながらバランス力を身につけましょう。

1章 サッカーに必要な動きをきたえる！ ボールフィーリング

Point
ヴァイパーを半回転させ上下になるように動かそう

- 右足を踏みだしながらヴァイパーを振る
- バランスをとりながら右から左へステップ

慣れてきたら
前に動きながらステップを踏む

ヴァイパーの動きに慣れてきたら、斜め前にステップを踏みながら前進してみましょう。スピードよりは、正しくステップを踏むことに意識をもちましょう。

※あまり重量のある器具はケガの原因となりますので注意しましょう。また、ペットボトルなどでも使えます。

アクション&ボールフィーリング練習 05
空中のテニスボールをキャッチ

コーチがテニスボールを高く上げる

ボールの落下地点を見極めて動く

ポイント

片足ジャンプがもっとも高く飛べる

ジャンプするときは両足ではなく、走っている状態のまま飛ぶようにしましょう。片足踏みきりで、なるべく真上にジャンプするよう意識してください。

コーチが高く投げたテニスボールをジャンプしながら手でキャッチします。ボールの落下地点を読み、ジャンプの頂点でキャッチすることで、空間認知能力を高めていきます。

1章 サッカーに必要な動きをきたえる！ ボールフィーリング

ジャンプしてテニスボールをキャッチ

動きを止めずにコーンまで走りきる

Point ジャンプの頂点でキャッチするにはボールの落下地点と速度を見極める

空間認知能力って何ですか？

3次元の空間において、人や物の位置や関係を把握する能力だよ。たとえば、浮いたボールをジャンプしてキャッチすることで、カラダとボールの位置関係を把握することとともに、ジャンプのタイミングも養えるよ。

アクション&ボールフィーリング練習 06
ドリブルからの複合トレーニング

設定
- 4つのコーンを配置
- 壁のあるところで行いパスのリターンができるように
- コーンをディフェンダーに見立ててプレーする

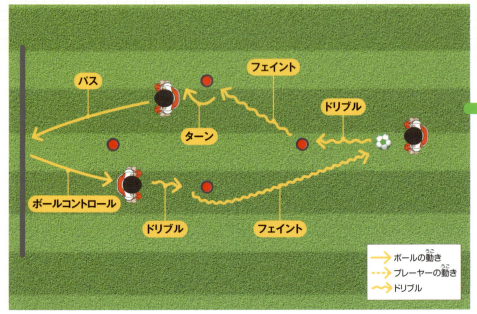

スタートからゴールまで、速さを気にしたほうがいいですか？

もちろんスピードは大切。だけど、まずはスピードより正確性を大事にしよう。慣れてきたらスピードをアップすればいいよ。大切なのは、ボールタッチに慣れること。サッカーの基本テクニックを動きながらできるようになることがポイントだよ。

ドリブルとフェイント、ターン、パス、コントロールのテクニックを1人で練習できるメニューです。動きながらのボールタッチを身につける基本となります。

プレーの流れ

① ドリブルからフェイント

1本目のコーンにドリブルで向かい、かわすようにフェイント

② ターン

2本目のコーンの手前でターンする

③ パス

ターン後に、壁に向かってパス

④ ボールコントロール

壁にあたってはねかえってきたボールをコントロール

⑤ ドリブルからフェイント

4本目のコーンに向かいフェイントでかわしてゴール

アクション&ボールフィーリング練習 07
シュートを入れた複合トレーニング

| 設定 | ●コーンやマーカーを配置しエリアをつくる
●壁のあるところで行いパスのリターンができるように
●ミニゴールでシュートも行う | ルール | ●コーンをディフェンダーに見立ててプレーする |

ドリブル、ボールタッチに緩急をつけよう

- パス&コントロール
- スピードに乗ったドリブル
- スピードアップドリブル
- 細かいボールタッチ
- シュート
- カットイン
- ゼロポジション

→ ボールの動き
･･･▶ プレーヤーの動き
➤ ドリブル

ミスをたくさんしちゃいますが、ミスを減らす方法は？

ミスをするからうまくなる。ミスをすることが悪いことではないよ。それよりも、タッチの緩急をつけたり、細かいタッチにチャレンジすることが大切だよ。また、タッチミスは力んでいるためにおこるものだから、リラックスしてプレーするように意識してみよう。

ドリブル、パス、ボールタッチ、シュートまでの流れを練習できるメニューです。ダブルタッチやカットインなど、サッカーの試合で効果的なテクニックも身につけましょう。

1章 サッカーに必要な動きをきたえる！ ボールフィーリング

プレーの流れ

① ドリブル突破

コーンの間を中央突破してからフェイント

② パス&コントロール

カベにパスを出してリターンをコントロール

③ 細かいタッチ

足を速く動かし細かくボールタッチする

⑥ シュート

ミニゴールにシュートを打つ

⑤ ゼロポジションからカットイン

止まった状態のゼロポジションを作ってからカットイン

④ スピードアップドリブル

スピードに乗ったドリブルからダブルタッチで突破

⑦ 再び細かいタッチ

シュートを終えたら③の細かいボールタッチで進む

⑧ スピードアップドリブルで終了

スピードアップからのコーンドリブルで1セット終了

※左右のインサイドでタッチをくり返すのをダブルタッチ。カットインは外から中にドリブルするプレー

アクション&ボールフィーリング練習 08
ファーストタッチとターン

設定
- 4つのマーカーを配置
- 2人で動きながらプレーする

ルール
- もう1人のプレーヤーと連携をとる
- ファーストタッチのときは、相手をディフェンダーとして意識する

凡例：
→ ボールの動き
--> プレーヤーの動き
〜→ ドリブル

①ファーストタッチ
②ドリブル
③ターン
④パス

> ドリブルのとき、カラダからボールが離れないように

ポイント

相手のいないところにファーストタッチで運ぶ

パスを受けたときのファーストタッチは、もう1人のプレーヤーがいない方向へ運ぶように。相手をディフェンダーに見立て、よく見てステップを踏みながらボールタッチしましょう。

ドリブルからターン、パスまでのプレーを2人で行う練習メニューです。ターンやパスを受けるときのファーストタッチを工夫し、実戦を意識しながら行いましょう。

プレーの流れ

① ファーストタッチ

受けたパスをファーストタッチでグッともち出す

② ドリブル

3つのマーカーのどれかにドリブルで向かう

③ ターン

マーカーでターンする。慣れてきたら1回で前を向けるように

④ パスを出す

仲間の足下に向かってインサイドパスを出す

プレーのアイデア

さまざまなターンで練習に工夫を入れる

ターンは、アウトサイドやインサイド、足の裏などさまざまな方法がある。いろいろなタッチにチャレンジしましょう。また、ターンの前にフェイントを入れるなどの工夫をします。

アクション＆ボールフィーリング練習 09
判断しながらファーストタッチ

Point 左右に動くときはフェイントを入れ相手を惑わせてみよう

パスを出したら左右どちらかに動く

①パス
②動く

ポイント
相手の動きを最後まで見る

相手がパスを出したあとにどんな動きを見せるかをしっかり見ることが大切です。ボールだけに集中してしまうのはよくありません。まわりを見ることを意識づけしましょう。

パスを出したら左右どちらかに動き、パスの受け手はその逆の方向にファーストタッチする練習メニューです。相手を見たなかでのファーストタッチを磨くことができます。

1章　サッカーに必要な動きをきたえる！　ボールフィーリング

Point
見る時間がたっぷりあるのであわてないでプレーしよう

③ファーストタッチ

相手の動きを見て、その逆方向にファーストタッチ

プレーのアイデア

下がって空間を作れば余裕をもってタッチできる

ボールタッチの方向はギリギリで変えられるようにしておきましょう。ボールを迎えにいかないことがポイントです。逆に後ろに下がり、空間を作ることでプレーの時間を作り出せます。

アクション&ボールフィーリング練習⑩

相手をかわすファーストタッチ

ステップを踏みながら
スムーズにドリブルからパス！

パスを出すと同時にプレッシャーをかけていく

②パス

①ドリブル

さまざまなタッチにチャレンジしよう

ファーストタッチはどちらか一方の方向だけでなく、左右どちらにもかわせるように。また、インサイドタッチだけでなくアウトサイドにもチャレンジしましょう。

練習⑨のバリエーションで、パスを出したら受け手の正面に動き、そのプレーヤーをディフェンダーに見立てて左右にかわすプレー。相手のプレッシャーをうまくかわしましょう。

1章 サッカーに必要な動きをきたえる！ ボールフィーリング

Point
相手の動きを最後まで見て落ちついてボールタッチしよう

プレッシャーをかわすように左右どちらかにタッチ

力まずリラックスすればカラダは自由自在に動く

③プレッシャー

④ファーストタッチ

プレーのアイデア

運ぶドリブルにフェイントを加える

ドリブルでボールを運ぶときに、フェイントを入れるなど、2人がトレーニングできるような状況にしましょう。練習にさまざまな工夫を加えることが大切です。

41

コーチからの上達アドバイス①

練習は短時間で集中しよう

早くサッカーがうまくなりたいからと、練習しすぎていませんか。日本のサッカーの環境の問題でもありますが、長時間練習をすることで上達するというのは間違いです。世界のサッカーの育成の現場では、自主練習を禁止しているところもあります。なぜなら、チームの全体練習で100％のパフォーマンスや強度で集中してやりきることを求められているからです。つまり、自主練習ができる体力があるというのは、全体練習で100％の力を出していないことになります。また、長時間練習ができるということは、ダラダラとトレーニングしていることになるわけです。じつは、一週間の練習時間の目安は、300分以内が推奨されています。これは、日本サッカー協会の指導指針でもあります。練習のやりすぎは、心にもカラダにも大きな負担になり、ケガや病気、将来的な成長障害にもつながります。何でもやりすぎは問題です。朝練もやる必要はないのです。

2章

ボールを思いどおりに操る!
【パス&コントロール】

正確にボールを止めて蹴ることが
サッカー上達には不可欠です。
パス&コントロールを学びましょう。

この章に出てくる
全練習の動画

自由に止めて自在に蹴る。
パス&コントロール

① ボールをもらうために動いて……

② カラダの向きをつくって……

③ コントロールして次のプレーに！

[**次を考えてコントロールする**]

　チームスポーツであるサッカーにおいて、パス&コントロールができないとサッカーになりません。ボールを止めて蹴る技術を正しく身につけましょう。

　ボールを止めることをボールコントロールといいますが、ただ止めるだけでなく、次のプレーを考えてのコントロールが大切です。プレーの状況を見ながら、どこにボールを置けばベストなのかをイメージしてください。そして、ボールを受ける前にカラダの向きをつくることで、さまざまなボールに対応することができます。

メッセージ性のあるパス

パスをつないで攻撃をしていくのがサッカーの基本のプレーでもあります。パスのポイントとしては、チームメイトに次にどんなプレーをしてもらいたいか、それらを考えたうえでメッセージ性のあるパスを出すこと。プレーのテンポを上げるために判断よくパスをすることになります。

ベースはインサイドキックですが、蹴り方は個性があって構いません。結果よければすべてよし。状況に合わせたボールの蹴り方で、タイミングよくパスを出し、正確なボールであれば何も問題はありません。

蹴り方は個性があってOK！

トッププロのお手本

イニエスタの ボールコントロール

[ファーストタッチで局面を変えられる]

　日本でも大人気のスペインのイニエスタ。世界トップレベルのテクニックと判断力をもち、サッカーIQの高い選手です。
　イニエスタのプレーでまず見てもらいたいのが、ボールコントロールの正確性です。すべてのボールコントロールに目的があり、足下にピタッと止めたら、次のプレーにスムーズに移れます。ファーストタッチで相手をかわしたり逆をとったり、ボールコントロールで局面や状況を変えられることも知っていますので、ひとつひとつのコントロールに集中してプレーしています。

受けるボールすべてを正確にコントロールできるならトッププロになれるといわれるほど、ボールコントロールは重要なテクニックです。技術のある選手は、ボールを自在に操れ、ファーストタッチで局面を変えられます。

2章 ボールを思いどおりに操る！ パス＆コントロール

状況に合わせたコントロールをする

この写真のように、ファーストタッチで前に運んだりと、足下に止めるだけでなく、ボールを動かすことも状況によって使いわけています。これらの判断がイニエスタは速く正確です。ボールを受ける前にどんなコントロールをするのがよいのか、前もってまわりを見ておくことが大切です。

トッププロのお手本
イニエスタのパス

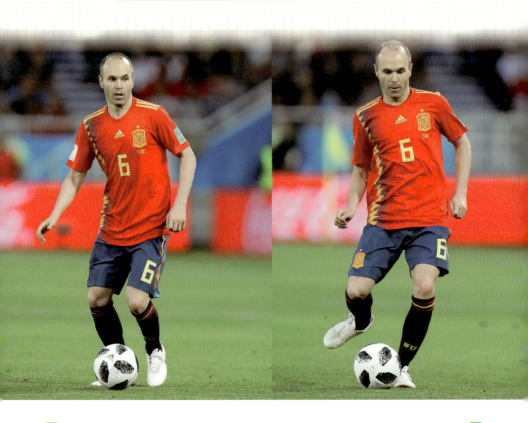

[仲間のことを考えた魔法のパス]

　パスに魔法をかけられる。イニエスタは1本のパスで相手ディフェンダーの裏をとり、決定的なチャンスを生み出すことができます。イニエスタのパスはすべて意思がこめられており、仲間にどんなプレーをしてもらいたいか、どう動いてもらいたいかがはっきりわかります。

　上の写真のように、パスを出す前にしっかりまわりを見て状況を把握し、プレーを遅れさせないよう足の振りもコンパクトでするどい。ただし、ボールの方向性や強さは仲間を考えてのパスになっているのがすごいところです。

パスにはさまざまな種類がありますが、どのパスも正確にねらったところに蹴ることができるようになりましょう。キックフォームは、それぞれ個性があってかまいません。求めるものは精度とパスのタイミングです。

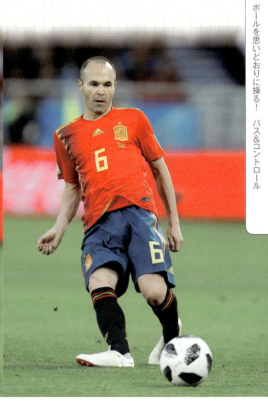

仲間の動きに合わせた優しいタッチのパス

イニエスタがよく見せてくれるパスに、相手ディフェンダーの裏へ、仲間の動きに合わせた浮き球のパスがあります。足下にスペースがない場合や、ディフェンスラインの裏にスペースがあるときは、写真のように優しいタッチのパスが有効になります。

練習 パス&コントロールの練習 01

対面のパス&コントロール

Point ステップを踏むことでカラダの力が抜けてボールが止まる

ステップを踏んでパスを受ける準備

コントロール時は力を抜いてリラックス

ポイント

パスがずれたらボールの中心に移動

パスがずれてもあせらず、ボールの中心に移動します。ステップを踏んでいればパスがずれても対応することができます。また、パスがどこにくるのか予測することも大切です。

2人が対面になり、パス&コントロールを行う練習です。サッカーのテクニックのベースとなります。大切なのはリズムとステップを踏みながら準備しておくことです。

Point
パス&コントロールは リズムでおぼえるとうまくいく

2章 ボールを思いどおりに操る！ パス&コントロール

コントロールからパスまではテンポよく

インサイドでしっかり押しだすイメージ

慣れてきたら

左右の足でプレーできるように

利き足だけでなく、逆足でもパス&コントロールできるようになりましょう。右でコントロール、右でパス、右でコントロール、左でパスなど、いろいろなタッチを練習しましょう。

練習 パス&コントロールの練習02
浮き球を処理するコントロール

Point ボールがどこに落ちるのか空間認知力が大切になる

ステップを踏みながら、カラダの正面でコントロール

息を吐きながらボールの勢いを吸収しよう

ボールには力がある。カーテンのようにカラダは力を抜くことでボールが吸収される

プレーのアイデア

ファーストタッチで後ろを向くなど角度をつける

ファーストコントロールしたあとに、後ろや横を向いてボールをおさめ、角度をつけたコントロールを行いましょう。ボールが空中にあるときにカラダの向きを作るのがポイントです。

浮き球を投げてもらいそれをコントロールする練習です。インステップや太もも、胸で止めたり、ショートバウンドをコントロールできるようになりましょう。

プレーの流れ

① インステップ
空中にあるボールをかるく足を引きながらインステップでコントロール

② 太もも
太ももでコントロールしたあとに地面に落ちたボールをしっかりコントロール

③ 胸
胸の中央、左右でコントロール。手を広げてバランスをとりつつカラダはリラックス

④ ショートバウンド
ボールが地面に落ちた瞬間にフタをするイメージでコントロールする

練習

パス&コントロールの練習 03
ファーストタッチでターン

Point おたがいの動きを見ながらタイミングを合わせよう

→ ボールの動き
--→ プレーヤーの動き
〜→ ドリブル

受け手は斜めにボールを受けに動く

出し手は、受け手の遠い足をねらってパスを出す

①パス

 ポイント

ボールを受ける前のアクション

受け手はボールを受ける前に、まわりを見て状況を確認し、どこにボールがほしいのかのアクションをおこすなど、つねにゲームのシーンを思い浮かべながらプレーしましょう。

3人組で行うパス&コントロールの練習です。パスの受け手は斜めにボールを受けにいき、パスをコントロールしながらカラダの向きを変えてテンポよくパスを出していきます。

Point
ボールをコントロールしながらカラダの向きを作ろう

リズムよく左足で3人目にパスを出す

②コントロール

③パス

右足のインサイドでコントロール

A / B / C

カラダの向きをスムーズに作れません

ボールを触りたいからと迎えにいこうとすると、カラダを正面にしてしまうよね。そうすると、スムーズに反転できずに反対方向に進めなくなる。ボールを迎えにいかずに、ボールが足下を通過してからコントロールするイメージをもつと、自然と半身のカラダの向きをつくれるよ。

ファーストタッチでターンのコツ
両足を使いわけてプレーする

Point 飛ぶようにステップすると
カラダの力が抜ける

ステップを踏みながらボールをむかえる

リラックスしながら遠い足でコントロール

左足

「遠い足」って何ですか？

攻撃しているときや進みたい方向に対して近い足のことをいうんだよ。進みたい方向にある足でボールを最初に触ることで、すばやく次のプレーにつなげられるんだ。

ファーストタッチからパスで使う足は、片足だけで行う場合と、両足を使う場合があります。プレー状況によって使いわけますが、どちらもできるように練習しましょう。

Point ボール一個分でコントロールすれば次のプレーにうつりやすい

コントロールと同時にカラダの向きをかえる

3人目の足下にパスを出す

左足

バリエーション

コントロールとパスで足をかえる

コントロールを左足、パスを右足にします。ボールをピタッと止めた足を、そのままパスの軸足にすればテンポがよくなります。

左足　右足

練習

パス&コントロールの練習 04
ターンのコントロール

①
グリッド
② パス
① 動く

グリッドに動いてパスをもらう準備

③ ファーストタッチ

進む方向を決めるファーストタッチ

Point カラダの向きや方向などグリッドへの入りかたを工夫しよう

プレーのアイデア

パス方向にもどるというアイデアもある

ディフェンダーがいることを想定しながらプレーしましょう。ターンで横に振り向いて突破するだけでなく、パスの出し手方向にもどるというアイデアもあることを知っておきましょう。

練習エリアの中央にマーカーを4つおいてグリッドを作ります。このエリアでパスを受けてファーストタッチでターンするメニューです。ターンのアイデアを出していきましょう。

2章 ボールを思いどおりに操る！ パス&コントロール

Point
4方向にターンしてOK いろいろなアイデアを大切に！

④ ファーストタッチでグリッドを抜けてパスを出す

③

④ターン

カラダの向きをかえながらターン

ポイント

パスを呼びこむアクションをおこす

味方のパスの出し手に、どこにボールがほしいか、どのタイミングでほしいかを示すゼスチャーが大切です。ボールをもらうときは首を振り、まわりの状況を見るクセをつけましょう。

> コツ

ターンのコントロールのコツ
いろいろなタッチでターンする

Point ボールを受ける前には必ずステップを踏もう

サイドステップでボールをむかえる

アウトサイドでファーストタッチ

> バリエーション

反転しながらカラダの向きをかえる

インサイドタッチをしながら、クルッと反転しカラダの向きをかえます。ボールをコントロール下におきながらターンができます。

ファーストタッチはたくさんの種類があります。いろいろなターンテクニックを練習してください。そして、自分がゲーム中に、サイドにいる、中央にいるなどをイメージしながらファーストタッチを考えましょう。

Point
ボールの勢いをおさえるように ボールの方向をかえよう

ボールタッチしながらカラダの向きをかえる

2タッチ目でしっかりボールをコントロール

バリエーション

軸足裏を通してターンする

ボールを軸足の裏に通して突破するファーストタッチです。人とちがうコントロールにチャレンジしてみましょう。

パス&コントロールの練習 05
ブロックしながらコントロール

Point ボールを受ける前にカラダを当てることが大切

パスの出し手はブロック後にパスを入れる

ディフェンダーのアプローチを見る

どうやったらターンして前を向けるの？

ボールを受けるときに相手をブロックしてカラダや手で相手を触っているよね。そのときに、相手が右か左か、どこにいるのか確認することができるはず。その反対側にターンすると前を向けるよ。

ディフェンダーをカラダでブロックしながらボールを受けて、ターンして次につなげるプレーの練習です。相手をカラダで感じながらブロックのポイントを身につけましょう。

Point
ブロックすることで余裕をもってプレーできる

半身になり下半身で相手をブロック

ファーストタッチでターンしてかわす

①ブロック

②パス

第2章 ボールを思いどおりに操る！パス&コントロール

ポイント
腕を使ってプレーエリアを確保

ブロックしたら腕で自分のプレーエリアを確保しましょう。そうすることでボールを相手に触らせずにプレーすることができます。プレーエリアに相手を入れさせないことが大切です。

コツ ブロックしながらコントロールのコツ 1
相手にカラダを当ててあずける

Point 下半身のパワーは上半身の2倍ある。力を入れるのは下半身だ!

① DF

ディフェンダーの動きを確認する

② 半身になり下半身を相手に当てる

バリエーション
守備の力を利用するとターンがしやすくなる

ディフェンダーにカラダをあずけたり、ディフェンダーの力を利用することで、そのあとのターンがしやすくなります。相手のプレッシャーをうまく活用しましょう。

ディフェンダーをブロックするときは、相手のアプローチを待つのではなく、自分から下半身を当ててブロックすることが大切です。自分で相手をコントロールしましょう。

2章 ボールを思いどおりに操る！ パス&コントロール

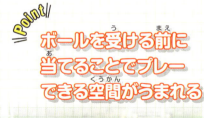
Point
ボールを受ける前に当てることでプレーできる空間がうまれる

相手の重心をおさえる
④
③

横向きになり空間を作り受ける準備

コンタクトに負けないためのカラダを強くするためのトレーニングは必要ですか？

カラダをきたえて強くすることよりも、相手の重心を崩して、自分のプレーしやすい重心でコンタクトすることが大切なんだ。相手の重心より低く当たりにいったりして重心を崩せばカラダが小さくても負けないぞ。

コツ ブロックしながらコントロールのコツ❷
半身からターンする

①パス

相手が前に出られないようにおさえる

Point 半身にならないと相手に足の間からボールを触られるので注意しよう

相手から遠い足でファーストタッチにいく

プレーのアイデア

アウトサイドターンはとても有効

ブロックしながらのターンの中でも、アウトサイドを使ったファーストタッチはとても有効なプレーです。相手と入れ替わりやすいターンなので、しっかり身につけましょう。

相手をブロックしたら、カラダを横向きにしながらボールを待ち、相手にボールを触らせないようにファーストタッチでターンしましょう。相手の逆をとれれば突破できます。

Point 胸を下げず、開いて上げておくとターンがしやすくなる

④ 相手と入れ替わる

③

リラックスしながらボールをコントロール

②コントロール

うまくターンができません

1回でターンできないときは、相手より遠いところでボールをキープしてから、ボールを触りながら動きなおしてみよう。自分がプレーをしやすい体勢を一度つくってから再びターンするのがポイントだよ。

パス&コントロールの練習 06
三角形のパス&コントロール

Point ボールをもらう前にデスマルケ。相手のマークを外す意識をもとう

①パス — ボールをもらう前の動きを入れて準備

②コントロール — コーンの外でパスを受けてファーストタッチ

デスマルケって何ですか？

デスマルケとはスペイン語で、ボールをもらう前のマークを外す動きのことだよ。ボールをもらう前に、相手との駆け引きに勝ってよいポジションがとれれば、ボールを受けたときにベストなスタートがきれるんだ。

3つのコーンを三角形になるように配置して、そこにポジションをとってパス回しをする練習です。ボールを受ける前の準備とファーストタッチ、パスをテンポよく行いましょう。

2章 ボールを思いどおりに操る！ パス&コントロール

Point
ボールが動いている間に次のプレーをイメージしよう

④
仲間の状態をよく見てパス

③パス

1回のファーストタッチで蹴りやすいところにおく

③

ポイント
いつもステップを入れて準備をする

パスがずれても、カラダの真ん中にボールをもってこれるように準備。いつもステップを踏んで自分のプレーエリアを確保しましょう。

ステップ

コツ 三角形のパス&コントロールのコツ
遠い足でコントロール

Point 下がりながら空間を生み出し時間を作るとプレーに余裕が生まれる

後ろにステップを踏んで下がる

ボールをむかえるように準備

バリエーション

ファーストタッチで内側を抜ける

コーンの内側を抜けるようなファーストタッチで、ディフェンダーの逆をとることもアイデアのひとつです。相手を見ながらファーストタッチを選択することが大切です。

コーンの外だけでパスを回すのではなく、さまざまな動きを入れながらパスを回していきましょう。いつもゲームを想定し、あらゆる場面のプレーに対応できるようになりましょう。

Point 自分のプレーエリアを作ろう

ファーストタッチで蹴りやすいところにおく

仲間の状況を確認してパスを出す

2章 ボールを思いどおりに操る！ パス&コントロール

バリエーション

スペースに動いてパスをもらう

スペースに動いてパスを受けるのもいいでしょう。寄ったり離れたり、さまざまなアイデアを取りいれてください。パスは足下なら速いボール。スペースならボールスピードを少し落とします。

練習 パス&コントロールの練習 07
ワンタッチでのパス&コントロール

Point どこにパスがほしいのか仲間に要求しよう

① 仲間の動きを見ながらパスを出す

② ワンタッチでパスを出す

ワンタッチパス

ポイント

パスを出したら次に動き出そう

パスを出したら終わりではなく、次のプレーのために動き出しましょう。プレースピードがゆっくりになったとしても、頭はいつも働かせておくことが大切です。

3つのコーンのまわりでパスをワンタッチで回していく練習です。ワンツーやリターン、3人目の動きなどを入れて、あわてずにリズムよくボールを回していきます。

Point パスの方向や方法に決めごとはない。アイデアをもってプレーしよう

④ リターンも入れてリズム変化

パスのタイミングを合わせていこう

③

ワンタッチだけだとミスが多くなって続きません

すべてワンタッチでパスをする必要はないよ。どうしても難しいときは、コントロールしよう。タイミングが悪かったり準備が整っていなければ、コントロールを入れて時間をつくるのは、とてもよいアイデアだよ。試合を想定しながら、もっともよいプレーの選択を考えよう。

総合練習
6ヶ所のパス&コントロール

| 設定 | ●コーンなどの目印を図のように配置
●みんなで動きながらパス&コントロール
●ボールを2つ使用 | ルール | ●2タッチでリズムよく
●仲間とのコミュニケーションを大事に |

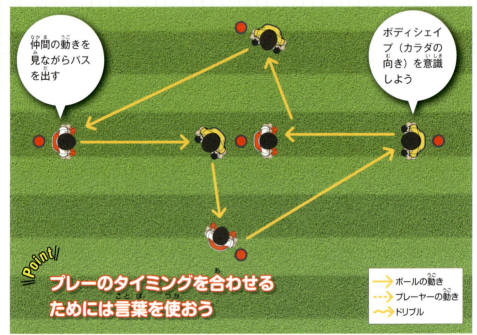

- 仲間の動きを見ながらパスを出す
- ボディシェイプ（カラダの向き）を意識しよう

→ ボールの動き
--→ プレーヤーの動き
→ ドリブル

Point
プレーのタイミングを合わせるためには言葉を使おう

うまくパスをつなげていくコツは何ですか？

ボールがつながらない、ミスをするのは誰でもあること。ミスがあるから成長するんだよ。1回のミスで動きを止めずに、次のプレーのことを考える。どうすればミスを改善できるかをいつも考えておくことが大切なんだ。いい準備とカラダの向き、コミュニケーションをとり、頭のスピードを速くすることを意識してごらん。

パス&コントロールの総合練習です。仲間とコミュニケーションをとりながら、言葉をかわしながらトレーニングしていきましょう。パス&コントロールの基本を忘れずに。

2章 ボールを思いどおりに操る！ パス&コントロール

パスをしっかり仲間から要求しよう

①パス

リラックスしながらファーストタッチからパス

②コントロール

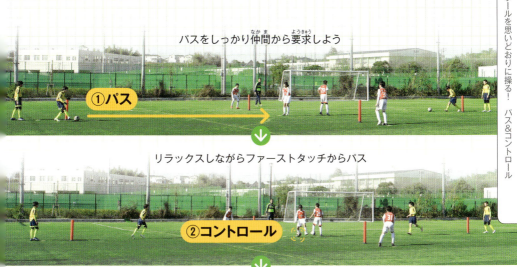

オフ・ザ・ボールの動きも見ておこう

③動く　④パス

つねに顔を上げてまわりの状況を確認しよう

⑤動く　⑥パス

いつも試合をイメージしながらトレーニング

コーチからの上達アドバイス②

ケガの抑制と
カラダの成長

アドバイス①でも紹介しましたが、練習のやりすぎはケガにつながります。成長途中の子どものカラダは、負荷をかけすぎると疲労骨折など必ず大きなケガをしてしまいます。ケガをしないためにも、しっかり休んでカラダを回復させましょう。また、普段の休息に加えて、1年というシーズンを考えると長期休暇をとることをおすすめしたいです。いまの子どもたちは、学校、スクールや習い事があり、十分に休む時間はありません。それがかえって食欲不振にもつながり、カラダの成長のさまたげになっています。体内にエネルギーを貯めこむ時間が必要なのです。長期休暇をとりいれることで、カラダだけでなく心も休めることができます。いろいろと遊びに行って、サッカー以外の刺激を受けたりすることは、サッカーにとってもメリットになります。休みの間に、たくさん食べることによって、カラダは一時的に大きくなりますが、それが正しい成長になるのです。

3章 突破のテクニックを身につける！
【ドリブル】

突破へのチャレンジをもちつつ
その場の状況を判断しながらの
ドリブルテクニックを学びましょう。

この章に出てくる
全練習の動画

状況に応じた試合で使える
ドリブルを身につける

どこでドリブルするかを考えよう！

[正しい場面でドリブルしよう]

　ボールを運ぶテクニックがドリブルです。ドリブルでディフェンダーを抜いてゴールを決めることが得意になれば、チームでレギュラーをとれるようになれるでしょう。

　ドリブルをするうえで気をつけてほしいのは、どんなときに、どのタイミングでドリブルするのがベストなのかを知っておくことです。そのときの状況やエリア、時間帯も含め、正しい場面でドリブルを使えるように、いつも頭で考えながらプレーしてください。ドリブルする場面を間違えると、チームがピンチになる可能性もあるのです。

［ゴール前は突破のチャレンジが有効］

　ドリブルが効果的になる場面とは、相手陣内であるアタッキングサードのエリアでチャンスを生み出す状況です。マークについてきた相手ディフェンダーをドリブルで抜いたら、そのままシュートが打てる、ラストパスを出せるようなシーンでは、ドリブル突破をどんどんチャレンジしてください。

　反対に、自分の陣地でドリブル突破を仕掛けるのは、奪われたらゴールされる危険性があるためリスクをともなうプレーになります。ドリブルが有効になるよう、使い方に注意しながら判断してプレーしましょう。

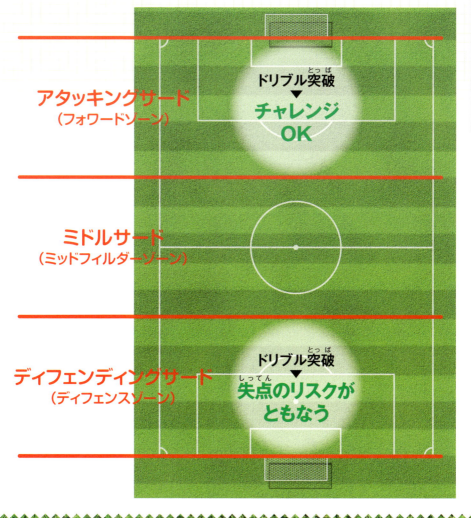

アタッキングサード
（フォワードゾーン）

ドリブル突破
▼
チャレンジ
OK

ミドルサード
（ミッドフィルダーゾーン）

ディフェンディングサード
（ディフェンスゾーン）

ドリブル突破
▼
失点のリスクが
ともなう

トッププロのお手本
メッシのドリブル

[初速で相手をおきざりにする]

　ディフェンダーをドリブルでかわせるテクニックをもっていれば、そのチームは大きな武器をもっているようなものです。メッシは1人といわず2人、3人を相手にしても突破できるドリブルをもつ優秀なプレーヤーです。
　メッシのドリブルの特徴は、上体を使ったフェイントから、おどろくほどの初速スピードで相手をおきざりにします。ボールタッチは細かく速いですが、カラダは安定してバランスのよいフォーム。そして、相手の逆を見抜ける「目」と判断力をもっているので、カンタンに突破することができます。

世界中のドリブラーのなかでもメッシのドリブルテクニックは一歩抜きんでています。カラダの使い方やステップワーク、スピードもさることながら、ドリブルで進むコースどりなどの状況判断がとても優れています。

3章 突破のテクニックを身につける！ ドリブル

ネイマールのドリブルは相手を翻弄させるのが特徴

ブラジルのエース、ネイマールは、上半身を左右に振ったりボールをまたいだりするフェイントで、ディフェンダーの重心を動かし、その逆をつくようにして突破するドリブルを得意としています。フェイントとスピードの緩急を使って相手を翻弄させるのがねらいで、あざ笑うようなプレーが特徴的です。

練習

ドリブルの練習 01
ファーストタッチからドリブル

Point コントロールとドリブルは切り離さないようにしよう

① パス — 仲間の動きを見てパスを出す
② コントロール
③ ドリブル — コントロールからすばやくドリブル

ポイント
上体を起こせばスピードが出る

ドリブルは一瞬でトップスピードにするように意識しましょう。ボールを止めるときに一瞬スピードを落として上体を低くしますが、そのあと上体を起こすことでトップスピードになります。

ボールを受けにいってからコントロール。そこからドリブルにつなげていくメニューです。ファーストタッチからドリブルがスムーズにできるように練習しましょう。

Point
コントロールでボールを少しだけ引くのがポイント！

上体をおこしてドリブル

パスを受けたらボールのおく位置を考えよう

ドリブルはトップスピードを意識

3章 突破のテクニックを身につける！ドリブル

コツ ファーストタッチからドリブルのコツ
両足を使いわけてドリブル

Point ステップして止めた足をドリブルの一歩目にする

力を抜いてボールをコントロール

右足

止めた足をそのまま次のタッチにする

右足

バリエーション

止めた足とは逆の足でドリブルに入る

左足（右足）でボールをコントロールしたら、軸足となる右足（左足）をドリブルの一歩目にする方法。このプレーのときは、足下にボールを入れたほうがドリブルにスムーズにうつれます。

右足　　左足

プレーのステップワークは2種類あります。ボールを止めた足と同じ足でドリブルするのと、止めた足とは逆の足でドリブルに入ります。どちらも使えるように練習しましょう。

Point
ボールと同時にカラダも移動。動きをアジャストさせよう

低い体勢でコントロールしてから……

上体をおこしてドリブルスピードを上げる

3章 突破のテクニックを身につける！ ドリブル

コントロールからのドリブルまでがスムーズにいきません

重要なのは最初のボールをしっかりコントロールすることなんだ。足下にピタッと止めることができないと、スムーズなプレーにはならないぞ。ボールをカラダから離れない位置に置くことで、時間をかけずにドリブルに移れるぞ。

ドリブルの練習 02
トップスピードでのドリブル

| やり方 | ❶ドリブルで進み、前にいる仲間と入れ替わる
❷ボールを受けた仲間はドリブルを開始
❸先ほどドリブルしていた選手は、ディフェンダーとしてドリブルプレーヤーを追いかける | ルール | ●ドリブルはトップスピード
●ディフェンダーは後方からプレッシャーをかける |

Point 上体をおこした姿勢がドリブルのポイント！

相手を感じながらドリブルしよう

追いかけられるとあせってしまいます

誰でもディフェンダーが追いかけてきたらあせるもの。だけど、自分のドリブルスピードを感じ、何度か練習すれば、だんだんと余裕がでてくる。ミスしてもいいので、心を落ちつかせながらしっかりボールタッチしてみよう。練習することで必ずあせりはなくなるぞ。

ドリブルしているプレーヤーを、ディフェンダー役として追いかけるメニューです。攻撃側のドリブルだけでなく、攻守の切り替えも意識したトレーニングになります。

→ ボールの動き
---- プレーヤーの動き
〰〰 ドリブル

3章 突破のテクニックを身につける！ ドリブル

ファーストタッチを前に出すことが大事

ファーストタッチでドリブルが決まる

ディフェンダー役もすぐに切り替える

攻撃と守備を切り離さないことを知ろう

ポイント

ドリブルスピードを知る

自分がどの程度のスピードでドリブルできるのかを知っておきましょう。練習の中で感じておけば安心できます。

ドリブルの練習 03
トップスピードからの1対1

設定	●ゴール前の設定。ゴールキーパー（GK）あり ●コーチがボールを転がす、または投げる ●プレーヤーはコーンにタッチしてからボールに向かう ●1対1からシュートまで運ぶ	ルール	●ボールを受けた人がドリブルで突破 ●もう1人は守備をしてGKとともにゴールを守る ●守備側がボールをとったらコーチにパスを返す ●GKがキャッチしたら守備側にパスを出す

プレーのアイデア	●スペースがあればそこにスピードで突破 ●1対1ではディフェンダーのタイミングを外す ●ほんの少しずらすだけでもコースが空けばシュートが打てる	→ ボールの動き ⇢ プレーヤーの動き ⤳ ドリブル

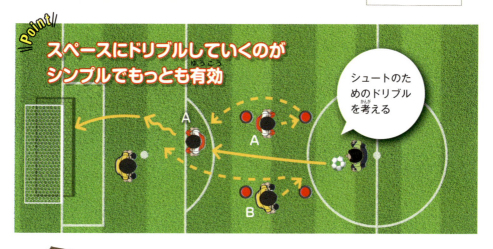

Point スペースにドリブルしていくのがシンプルでもっとも有効

シュートのためのドリブルを考える

ポイント
時間をかけると突破が難しくなる

ゴール前の状況は時間がありません。相手を抜くのに時間をかけてしまうと、試合では相手の守備のプレーヤーがもどってきてシュートまで運べません。時間をかけずに突破しましょう。

1対1の場面をゴール前に設定して行う練習です。コーチからのボールを受けたら、そのままスピードで突破するか、相手との1対1の状況をつくってからシュートまで運びましょう。

コーンにタッチしてからボールを追いかける

ボールを受けたらゴールにドリブル

タイミングをずらして突破をはかる

スペースにボールを運んでディフェンダーをかわす

3章 突破のテクニックを身につける！ドリブル

ドリブルの練習 04
ボディコンタクトからの1対1

設定	ルール
●ゴール前の設定。ゴールキーパー（GK）あり ●コーチのパスを受けにいく ●ボディコンタクトしてからボールを受ける ●1対1からシュートまで運ぶ	●プレジャンプを踏みながら準備して待つ ●ボールを受ける前にブロックしてボールを受ける ●できるだけ10秒以内でシュートまで運ぶ ●守備はボールを奪ったらサイドのコーンの間にドリブル ●GKと連携して練習を進める

Point：コンタクトしながらファーストタッチで前を向けるとよい

先にカラダを当ててマイボールにする

→ ボールの動き
--→ プレーヤーの動き
⇒ ドリブル

コンタクトでマイボールにできません

ボールに先に触ることを考えがちなんだけど、ポイントは相手の前（先）に入るように動くコース取りなんだ。ボールの前に、相手より少しでも優位なポジショニングに入ることでマイボールにすることができるよ。

ゴール前の1対1の練習ですが、はじめにボディコンタクトを入れるメニューになります。相手に対して下半身からボディコンタクトしにいき、確実にマイボールにしましょう。

プレジャンプして準備

①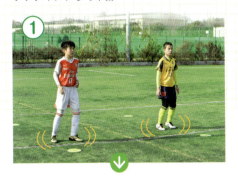
⬇

コンタクトしながらマイボールにする

④
⬇

コーチの合図で前に向かう

②
⬇

ファーストタッチで相手をかわす

⑤
⬇

ボールを受ける前にボディコンタクト

③
⬇

突破してゴールまで向かう

⑥

3章 突破のテクニックを身につける！ ドリブル

ドリブルの練習
ボールキープからの突破

設定	●ゴール前の設定。ゴールキーパー(GK)あり ●パスを受ける前に相手をブロック ●コーチのパスを受けたら約3秒間キープ ●1対1からシュートまで運ぶ
ルール	●前にボールを受けにいかずにエリア内で待つ ●相手をブロックしてからボールを受ける ●ボールを動かしながらボールをキープ

\Point/
相手をしっかりおさえられれば余裕をもってボールをもてる

半身でキープしながら相手をコントロール

→ ボールの動き
--> プレーヤーの動き
⟿ ドリブル

キープはできるんですが相手を抜くことができません

まず、ブロックしながらボールを動かしてプレーエリアを確保するよね。そうしながら相手にゆさぶりをかけるのが必要なんだ。そして、相手の重心の逆をとるように突破する。いつも相手の反対側に向かうような意識をもってごらん。

パスを受ける前に相手のカラダをブロックしてボールをキープしたあとに1対1をする練習です。62ページで紹介した相手のブロックのポイントを使いキープしましょう。

3章 突破のテクニックを身につける！ ドリブル

相手を見てカラダを当てにいく

①

⬇

下半身を相手に当てる

②

⬇

半身になってボールキープ

③

⬇

約3秒キープしたら突破をはかる

④

⬇

相手の逆をとるフェイントを仕掛ける

⑤

⬇

ドリブルで運んでシュートまで

⑥

総合練習
2対1での突破からフィニッシュ

設定
- ゴール前の設定。ゴールキーパー（GK）あり
- 攻撃側2人、守備1人
- 2対1からシュートまで運ぶ

ルール
- ゴールにドリブルすることをまずは考える
- 突破でディフェンダーを動かすことがポイント
- オフサイドに注意しながらプレーする
- 守備はGKを含めて2対2の状況をつくる
- 守備は時間をかけて、攻撃は時間をかけないが鉄則

Point
パスをすることを目的とせず
大事なのはゴールとする

スペースがあればスピードで突破

→ ボールの動き
--→ プレーヤーの動き
⇒ ドリブル

ボールをもっていないときは、何をすればよいのですか？

どこにポジショニングをとるかはとても難しい。考え方としては、ボールホルダーがプレーしやすいように動くこと。オトリになったり、コンビネーションができる位置についたり、サポートポジションに入ったり。そして、ゴールを奪うための動きである背後をつくことも考えたい。プレーはつねに動いているものだから、いつも頭を休めず働かせてポジションをとることが大切だよ。

ドリブル突破の総合練習が2対1です。攻撃側2人でシュートまで運びます。攻撃側は時間をかけずに突破することを第一に考え、守備側は時間をかけながら守ることが大切です。

ドリブルでディフェンダーを引き出す

仲間のパスコースが生まれてフリーになる

スペースにドリブルしフィニッシュまで

GKと駆け引きしてシュートを打つ

コーチからの上達アドバイス③

15歳までに
パーフェクトスキルを
身につける

サッカーに必要な技術といえばパーフェクトスキルです。パーフェクトスキルとは、自分の思いどおりにボールをコントロール（扱う）できるテクニックで、それを試合のいろいろな場面で効果的に使えることをいいます。そのときの状況で、一番正しいプレーを判断し、認知して実行する。難しいように感じますが、サッカーのテクニックとよべるものは、試合で使えるテクニックということなのです。いつも相手がいるスポーツですので、少なからずもプレッシャーを感じてプレーしています。そのなかでサッカーをするためには、判断をともなうパーフェクトスキルを習得しなければならないのです。このスキルは、神経系の機能が急速に発達し、あらゆることを吸収するジュニア年代（成長期）で習得することが大切です。ぐんぐん成長する15歳くらいまでに、スキルとカラダをつくることで、将来性豊かなプレーヤーになります。

4章 正しく判断しゴールを決める!
【シュート】

ゴールを決めるための
技術や判断を高めるための
シュートテクニックを学びましょう。

この章に出てくる
全練習の動画

ゴール前のプレーを練習して自分の引き出しを増やす

シュートはたくさん練習しよう！

[カラダに染みこませる]

　シュートを打ちゴールを決めることがサッカーの一番の目的です。じつは、シュートをふくむゴールを決めるためのプレーは、指導者がそうカンタンに教えられるようなものではありません。もちろん、シュートのポイントやプレーのコツは教えてもらえますが、自分でたくさん練習して、カラダに染みこませるしかないのです。
　ゴール前を想定したたくさんの練習を行い、そこに試合での経験をいれることで、自分の引き出し（プレーの方法）が増えて、上達が見えてきます。

ゴール前は何がおこるかわからない

ゴール前は相手のプレッシャーを強く感じます。だからこそ、多くの経験を積んで慣れることが大切です。よくあるのが、ゴール前で相手をかわしてシュートを打つという場面です。相手をかわしきらないとシュートできないというイメージしかないとプレーの幅はせまくなります。ゴール前は何がおこるか予測できないエリアです。無理にでもシュートを打つことで、相手に当たってコースが変わり入ることもあります。何がおこるかわからないゴール前だからこそ、さまざまな状況を想定した練習を行うことが大切なのです。

ゴール前の考え方

日本人の多くのプレーヤー
ディフェンダーがコースにいるとシュートを躊躇する
⬇
相手をかわしきらないとシュートを打たないことが多い

海外のプレーヤー
ディフェンダーがいてもシュートを打つ
⬇
シュートを打てばゴール前で何かがおこる
⬇
①ディフェンダーに当たってGKの逆をつける
②ディフェンダーに当たってフリーな味方にボールがこぼれる

etc…

4章 正しく判断しゴールを決める！シュート

トッププロのお手本
ロナウドのシュート

[ヒザ下のするどい振りが特徴的]

　クリスティアーノ・ロナウドは、強いカラダからはなたれるパワフルなシュートがもち味のフォワードです。キックフォームを見ると、軸足の踏みこみは力強くバランスのよい姿勢からヒザ下のするどい振りが特徴的で、大振りせずにコンパクトにスイングできているため、枠を大きく外すことなくボールが飛びます。もっとも見てほしい点は、いつもゴールのことを考えながら動いたりポジションをとっているその姿勢です。ゴール前でのプレーパターンも豊富で、ボレーやヘディングなど合わせるプレーも得意としています。

海外の選手は高い決定力をもつ選手が多いです。強いチームには最高のエースストライカーがいますが、どのプレーヤーも、ゴールに貪欲で、たくさんのシュートパターン、テクニックをもっています。

4章 正しく判断しゴールを決める！ シュート

ゴールを奪う能力と駆け引き上手なスアレス

ウルグアイのストライカー、スアレスはゴールを奪う能力が高い選手です。どんな場面でも正確にシュートが打て、シュートテクニックも多彩です。そして、相手との駆け引きもうまく、最終ラインで動きながらディフェンダーの裏をつねにねらい、ここぞという場面で飛び出しチャンスをつくりだします。

ランダムコーンのなかでシュート

シュートとゴール前の練習 01

設定
- コーンをランダムに配置
- ペナルティエリア内にドリブルで入りシュートを打つ
- GKとの1対1でゴールを決める

ルール
- どんな状態でシュートまで運ぶかをイメージする
- ドリブルはカットインやキックフェイントを入れよう
- GKとの駆け引きをしよう

→ ボールの動き
--→ プレーヤーの動き
⇒ ドリブル

コーンをディフェンダーや味方と見立てる

Point
ゴール前のバイタルエリアをイメージしながらプレーしよう

バイタルエリアって何ですか？

ペナルティアークから、ペナルティエリアに向かっていく、もっともゴールの生まれやすいエリアのことだよ。ゴール正面であるバイタルエリアに入れば、シュートコースが広がりチャンスが生まれやすくなるんだ。

試合を想定したシチュエーションのなかでのシュート練習です。コーンをランダムにおいて、そのなかをドリブルしてGKとの1対1をつくってからシュートを打ちます。

ドリブルでバイタルエリアに入る

GKの状況を見ながらドリブル

①ドリブル

GKのタイミングをずらすのが大切

②シュート

ねらいを定めてシュートを打つ

コツ ランダムコーンのなかでシュートのコツ ❶
蹴ったあとに軸足を飛ばす

Point ドリブルしているので
ボールの動きを予測して踏みこもう

全身を大きく使って軸足を踏みこむ

コンパクトなスイングを心がける

ポイント
振りをコンパクトにするとGKの反応が遅れる

足の振りをコンパクトにすると、GKは反応が遅れてタイミングをとるのが難しくなります。ヒザ下を振ることに意識をもってシュートを打ちましょう。

GKを見てしっかりコースをねらって打つのがポイントです。力をこめて強いボールを蹴るより、コンパクトなスイングで蹴ったあとに軸足を飛ばすことでよいシュートが飛びます。

Point
蹴ったあとに軸足を飛ばすと枠に飛びやすくパワーのあるシュートに!

インパクト後に軸足を飛ばすイメージ

ボールをしっかりインパクト

4章 正しく判断しゴールを決める! シュート

ボールがぜんぜん飛ばないけどどうすればいいですか?

まずは、ボールのどこをインパクトしているのかを確認してみよう。ボールの真ん中、横、上下など、当たる部分をズラしながら試してみて、一番飛ぶ蹴り方を探ってみよう。他にも、蹴るときの軸足の位置をかえることもポイントだよ。

コツ ランダムコーンのなかでシュートのコツ❷
ゴールを面積ではなく体積で考える

Point GKのポジションによっては上の空間もねらえることを知っておこう

GK

プレーのアイデア

外から角度をつけたシュートも練習する

中央からではなく、外から中に入る練習もしましょう。カットインはGKの重心の逆をとれるため、試合での有効な手段です。角度をつけたシュートを武器にしている選手も多いです。

シュートを決めるには、GKとの駆け引きで勝つ必要があります。ドリブルしながらGKを見て、シュートを打つまでにタイミングをずらすなど工夫しましょう。

ドリブルしながらGKを見る

目線でGKの逆をとろう

タイミングをずらせたらコースをねらうシュートでOK

GKが前に出ているならループをねらってみる

4章 正しく判断しゴールを決める！ シュート

GKとの駆け引きで有効なプレーを教えてください！

GKの予測を上回るプレーをイメージしておくといいね。インステップのシュートだけでなく、カーブをかけたりトーキックを使ったり。また、わざと密集したところに侵入して、GKからボールを見えなくさせるなど。ゴール前のテクニックはさまざまあるから、練習でいろいろと試してごらん。

練習 シュートとゴール前の練習02
ランダムコーンのなかでパスを受ける

| 設定 | ●コーンをランダムに配置
●ペナルティエリア内に動いてパスを受けてシュートを打つ
●ファーストタッチしてからGKとの1対1でゴールを決める | ルール | ●パスの出し手とのタイミングをあわせる
●動きにフェイントや緩急をつけてスペースを生み出す
●ファーストタッチのおきどころをイメージする |

ペナルティエリアでパスを受ける

→ ボールの動き
--→ プレーヤーの動き
⤳ ドリブル

Point
どこにスペースがあるのか
動きながら探そう

タイミングを合わせるには
どうすればいいですか？

パスの出し手、受け手とも、まずはおたがいの状況を見ることが大切なんだ。仲間を見ないでプレーしてもうまくいくはずがないよ。そして、受け手だったら、パスを足下にほしいのか、それともスペースにほしいのかをしっかり伝えること。声を出してコミュニケーションをとろう。

ランダムコーン内に動いていき、そのなかでパスを受けてからシュートを打つメニューです。動きのパターンと受けるタイミングなど、試合を想定しながら練習しましょう。

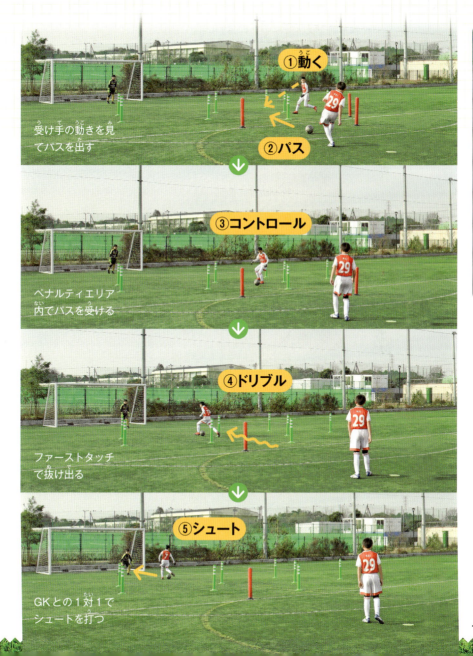

①動く
受け手の動きを見てパスを出す
②パス

③コントロール
ペナルティエリア内でパスを受ける

④ドリブル
ファーストタッチで抜け出る

⑤シュート
GKとの1対1でシュートを打つ

コツ ランダムコーンのなかでパスを受けるコツ❶
「く」の字に動くケブラ

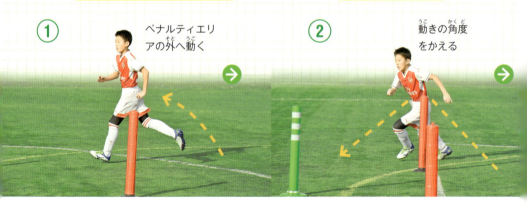

① ペナルティエリアの外へ動く
② 動きの角度をかえる

⑤ パスとタイミングを合わせる
⑥ ステップを踏んで受ける準備

> **ポイント**
>
> ### どこのポジションに入るか瞬間的に見極める
>
> どこのポジションに入ればよいのかの見極めは、動きながら行う必要があります。そのため、瞬間的にスペースを見極めましょう。仲間と相手を見てエリアを探す意識をもちます。

ペナルティエリア内に入る動きのなかで、くの字を描くように戻る動きを「ケブラ」といいます。ディフェンダーのマークを一瞬で外すために、動きに緩急をつけるのがポイントです。

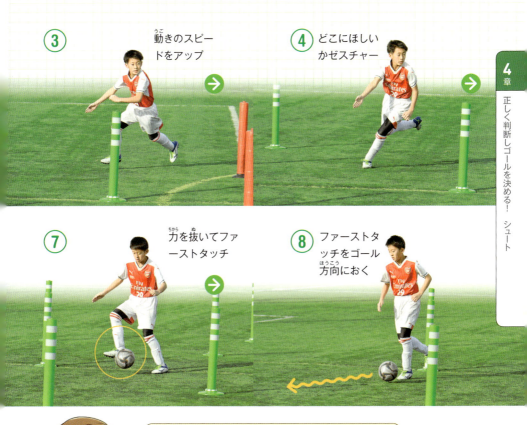

③ 動きのスピードをアップ

④ どこにほしいかゼスチャー

⑦ 力を抜いてファーストタッチ

⑧ ファーストタッチをゴール方向におく

4章 正しく判断しゴールを決める！ シュート

フェイントの動きはどのくらいの大きさが必要ですか？

フェイントは動きの大きさではなく、相手をだますような動きが一番大事なんだ。相手の逆をとること。そして、状況によって自分で調整しよう。スペースがあるなら大きなフェイントでもいいし、せまいエリアなら動きも小さくしてスピードを速くする。何より習慣化できるといいね。

コツ ランダムコーンのなかでパスを受けるコツ❷
バックステップを踏むジャグナウ

① ペナルティエリアに動いていく

② 動きながらカラダの向きをかえる

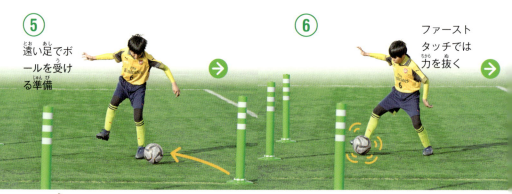

⑤ 遠い足でボールを受ける準備

⑥ ファーストタッチでは力を抜く

ポイント

スペースに動きながらボールを引き出す

バックステップを踏みながらフリースペースに動きます。このときにパスの出し手からボールを引き出すイメージで、ゼスチャーも含めたコミュニケーションをとることが大切です。

※ジャグナウとはスペイン語で斜めという意味です。英語のダイアゴナルと同じ意味ですが、ここではバックステップを踏む動きのことで使用しています。

ペナルティエリアに動いたあとに、バックステップで下がりながらボールを受ける動きを「ジャグナウ」といいます。ディフェンダーから離れるように動いてフリーになります。

③ バックステップで下がりながら要求

④ スペースに入ってボールを待つ

⑦ コントロールでは弾かず吸収する

⑧ 斜め後ろにぬけていくイメージ

第4章 正しく判断しゴールを決める！シュート

スペースが見つけられません!?

スペース探しはとても難しいね。カンタンにはできないかもしれないけど、2つのポイントを頭にいれてごらん。それは、ディフェンダーとディフェンダーの間のスペースを見つけること。1つは横にあるスペース。2つめは前後のスペースだよ。ここを探して動くことがポイントになるよ。

> コツ ランダムコーンのなかでパスを受けるコツ❸

斜めに動くダイアゴナル

① ペナルティエリアに入る動き

② 動きの緩急を意識しながら走る

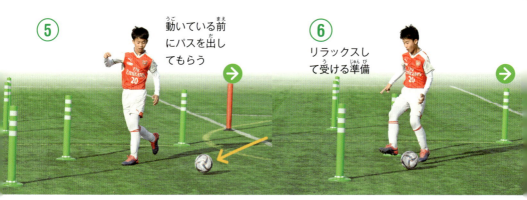

⑤ 動いている前にパスを出してもらう

⑥ リラックスして受ける準備

ポイント

シュートのあとはゴールに詰める

シュート練習なので、フィニッシュに最後までこだわりましょう。シュートを打ったあとは、GKが弾くことを想定してゴールに詰めることが重要になります。

ペナルティエリアに入るときに、斜めに動いて抜けながらボールを受ける動きを「ダイアゴナル」といいます。斜めに動くと相手はマークがしづらく、フリーになりやすくなります。

③ 動きながら出し手の様子を確認

④ 動きのスピードを落とさない

⑦ ワンタッチでどこに抜けるかがポイント

⑧ GKを見てシュートまで運ぶ

4章 正しく判断しゴールを決める！シュート

コーンに当たってしまってうまくいきません！

コーンに当たるのは技術的なミスもあるけど、しっかりまわりを見て動く意識をもつと少しは減るよ。それと、ミスをしてもプレーをやめないことが大事なんだ。試合では、ミスをしてもプレーは止まらないよね。だから、ミスしても続けられるように練習でも意識しておこうね。

シュートとゴール前の練習 03
ランダムコーンのなかでのコンビネーション

設定
- コーンをランダムに配置
- ペナルティエリア内でのコンビネーションプレーで崩す
- コーンをかわしたらシュートを打つ

ルール
- ワンツーやダブルワンツーなどアイデアを出す
- タイミングが合わなかったらコントロールしてもOK
- すべてワンタッチではなくドリブルも入れていく

→ ボールの動き
--→ プレーヤーの動き
⇒ ドリブル

ゴール前をワンツー突破

Point プレーに決めごとはない。いろいろとチャレンジ！

アイデアが出ず、ワンツーの工夫ができません

アイデアが出ないのはミスを怖がっているからじゃないかな。いろいろなプレーにチャレンジしようという強い気持ちをもって、プレーを決断することが大事なんだ。ミスは当たり前。それよりもやりたいと思うプレーを存分に出そうよ。

ゴール前のバイタルエリアをワンツーなどのコンビネーションプレーで崩して、シュートまで運ぶ練習です。仲間とのタイミングを合わせることがもっとも大事になります。

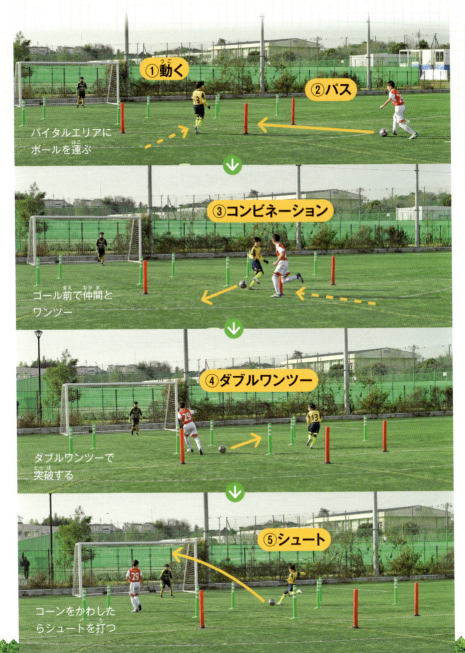

①動く
バイタルエリアにボールを運ぶ
②パス

③コンビネーション
ゴール前で仲間とワンツー

④ダブルワンツー
ダブルワンツーで突破する

⑤シュート
コーンをかわしたらシュートを打つ

<コツ> ランダムコーンのなかでのコンビネーションのコツ

フォワードのポストプレー

設定
- コーンをランダムに配置
- フォワードはペナルティエリア内に入る
- ペナルティエリア内で、ポストプレーからのコンビネーションプレーで崩す
- コーンをかわしたらシュートを打つ

ルール
- タイミングが合わなかったらコミュニケーションをとりやり直す
- すべてワンタッチではなくドリブルも入れていく

\Point// フォワードはデスマルケの動きからスタートする

フォワードとのコンビネーションで崩す

→ ボールの動き
---> プレーヤーの動き
→ ドリブル

\Point// フォワードに縦パスを入れて中央から突破していこう

仲間とのタイミングを合わせるのが難しいんです。

ワンツーのタイミングが合わないのはしょうがないよ。それは、練習をくり返して身につけていくもの。もしタイミングがずれたら、無理にワンツーするのではなく、一回ボールを止めて、時間をつくってからやり直してもいいんだよ。

コンビプレーのアイデアとして、フォワードがゴール前にいる状況からスタートしてみましょう。フォワードとの縦関係のコンビネーションは、試合でよくある場面です。

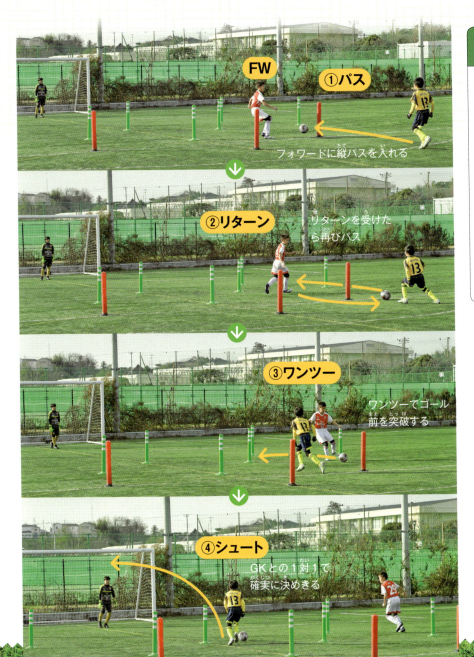

①パス
フォワードに縦パスを入れる

②リターン
リターンを受けたら再びパス

③ワンツー
ワンツーでゴール前を突破する

④シュート
GKとの1対1で確実に決めきる

総合練習 01
パターンシュートトレーニング

設定
- サイド（左右）と中央に選手がポジションをとる
- サイドはゼロポジションから動き出してシュート
- 中央はコーチとのリターンからプルアウェイでボールを引き出しシュート

ルール
- サイドはデスマルケを入れてからゼロポジションに
- サイドはカットインや縦への突破などアイデアをもつ
- 中央はプルアウェイからスペースまたは足下でボールを受ける

Ⓒカットイン
ゴール前のシュートシーンを想定
Ⓑプルアウェイ
Ⓐカットイン

→ ボールの動き
‑‑‑▶ プレーヤーの動き
→ ドリブル

Point
すべてのプレーはゴールを決めるための動きだとイメージ！

カットインのあとはどこにシュートを打つと決まりやすいですか

おもなシュートコースはニアサイドとファーサイドの2つだが、ポイントはGKを見てからコースを決めること。GKの位置を見てスペースがどこにあるのか、そして、GKの重心はどちらにあるのかを見て判断してごらん。

ゴール前でのチャンス状況での練習がパターンシュートトレーニングです。サイドの突破からのシュートと、中央でのフォワードの動きからシュートチャンスをつくり出します。

プレーの流れ

A 左サイドからカットイン

ゼロポジションからカットインでシュート

※ゼロポジションは、止まった姿勢からどこにでも動ける状態をいいます

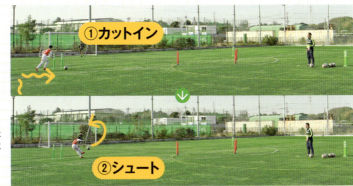

①カットイン
②シュート

B 中央でプルアウェイからシュート

コーチとのリターン後にプルアウェイでボールを引き出す

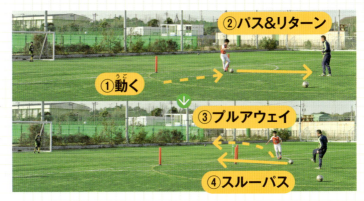

②パス&リターン
①動く
③プルアウェイ
④スルーパス

C 右サイドでフェイントからカットイン

ゼロポジションからフェイクを入れてシュート

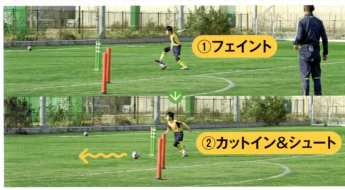

①フェイント
②カットイン&シュート

4章 正しく判断しゴールを決める！シュート

パターンシュートトレーニングのコツ ❶
ゼロポジションからのカットイン

Point ゼロポジションでなんでもできる姿勢をつくってから動き出す!

ゼロポジションになる

緩急をつけながらカットイン

ポイント

デスマルケから
ゼロポジション

ボールを受ける前は、必ずデスマルケの予備動作をいれましょう。瞬間のデスマルケによって、相手のマークを外したことでゼロポジションをつくり出すことができます。

サイドでカットインするなど、角度のあるところからのシュートシーンは、サイドプレーヤーはぜひとも習得しておきたいプレーのひとつです。ポイントは自分のプレーエリアをつくり出すことです。

Point
ゼロポジションからの
スピード変化がポイント！

ゴールとGKを見てシュート

4章 正しく判断しゴールを決める！ シュート

カットイン以外の抜き方でもいいの？

もちろん。プレーに決まりごとはないよ。カットインだけでなく、縦にドリブル突破する、タイミングをずらすだけでシュートを打つなど、突破やシュートのアイデアを豊富にもつ選手をめざそう。

コツ パターンシュートトレーニングのコツ ❷
パスを引き出すプルアウェイ

① コーチからのパスをリターン

② パスをしたあとバックステップ

⑤ スペースへ動いて受ける準備

⑥ スピードを落とさずボールに向かう

ポイント

パスはスペースと足下がある

パスをスペースで受けるか、足下で受けるか、状況によって使い分けましょう。スペースでもらうときはスピードを落とさず、足下のときはファーストタッチを前に運ぶのがセオリーです。

ストライカーは、ゴール前でボールを受けるための動きをぜひとも身につけましょう。プルアウェイで相手のマークを外しつつ、オフサイドに気をつけボールを受けてフィニッシュしましょう。

③ カラダの向きをつくったら要求

④ 出し手とのタイミングをはかる

⑦ GKの位置を確認しておく

⑧ シュートを打ちやすいファーストタッチ

4章　正しく判断しゴールを決める！　シュート

プルアウェイって何ですか？

フォワードがゴール前でする動きで、ディフェンスの背後をとる動きのことをいうんだよ。ディフェンスのマークを外しながら、ゴールに前向きになるポジショニングをつくるんだ。

総合練習 02
シュートゲーム

設定
- 4対4でフリーマンが1人、GKあり
- ペナルティエリア程度のコートサイズ
- フリータッチ
- フリーマンのシュートもOKに

ルール
- 試合の要素を入れながらシュートを打つことに意識をもつ
- 攻撃は幅を広げて奥行をもたせるポジショニング
- 守備はシュートを打たれないようにコンパクトに守る
- 今までやってきた練習とテクニックを実践する

Point

どこにポジションをとったらシュートを打てるかを考えよう

デスマルケで相手を外す

相手と駆け引きしよう

シュートを意識！

→ ボールの動き
⇢ プレーヤーの動き
→ ドリブル

なかなかシュートが打てません

プレー中にボールを見るのはとても大事。だけどボールを見すぎて、正しくポジショニングできていないときがある。つまり、ディフェンスのマークを受けた状態から抜け出せない状況。どこに動けばボールをもらえてシュートが打てるのか、その位置取りを意識してみよう。

今までやってきたシュート練習で身につけたテクニックを、ゲーム形式のトレーニングで応用できるようにしましょう。シュートゲームなので、シュートの意識は強くもちます。

プレーのポイント

① シュートの意識

コースが空いたら積極的にシュートをねらう

② 積極的に突破

ゴール前で怖いプレーヤーになるためにも、積極的なプレーを見せる

③ 球際で負けない

球際で負けないようにカラダを上手に使う

④ フリーマン

フリーマンは、攻撃側の味方になるプレーヤー。そのため攻撃側が1人優位になる

コーチからの上達アドバイス④

試合を想定したトレーニングをしよう

　サッカーはサッカーでしかうまくなりません。ですので、サッカーのトレーニングは、試合を想定したり、サッカーでおこりうる状況でのトレーニングメニューで行いましょう。トレーニングは、基本的にボールを使ったものがベストです。本書の1章の最初にフィジカル要素のあるトレーニングがありますが、これはカラダのコーディネーション能力を高めるために、サッカーに必要なアクションをウォーミングアップとして行っています。基本はボールを使いながら、さまざまな動きを複合させてサッカーのカラダをつくります。そして、ベースとなるトレーニングは、子どもたちの賢さが生まれるようなメニューがよいでしょう。つねにプレーを考えながら動いてボールを扱うこと。試合でのイメージを大事にしながら、イメージを思いおこせるようなメニューです。サッカーに近い状況で練習することで、サッカーにおける成長が見られることでしょう。

5章

相手を自由にプレーさせない！
【ディフェンス】

相手にプレッシャーをかけたり
ボールを奪いにいく
ディフェンス技術を学びましょう。

この章に出てくる
全練習の動画

守備の原理原則を知り仲間と連携して守る

[相手とゴールを結ぶ線上にポジション]

攻撃だけがサッカーではありません。試合で勝つためにはディフェンスのテクニックを身につける必要があります。

ディフェンスでは、まずは自分たちのゴールを守らなければなりません。そのために、マークする相手選手とゴールの中心を結ぶ線上にポジションをとることが原則になります。このポジショニングを頭にいれつつ、ボールを奪いにいくのです。ボール奪取は、個々の守備力も大事ですが、チームとして、仲間と連携して守ることがとても重要になります。そのためにも、コミュニケーションをしっかりとりましょう。

ディフェンスの
正しいポジショニングと悪いポジショニング

練習では100%の力を出そう！

[カラダの当て方を身につける]

　ディフェンス力を高めるためには、練習方法も大切です。できるだけ攻撃と守備の両方がトレーニングできるメニューで行いましょう。そして、どちらも真剣に、100%の力を出して強度のある練習をすることが大事になります。
　強度を出すとプレーが激しくなりますので、カラダの当て方をはじめに身につけてください。62ページのブロックの方法で学ぶことができます。ディフェンスが強くなれば、攻撃力が必ず上がります。1つ1つのトレーニングを集中し、本気でやればサッカーがどんどん上達します。

お手本 トッププロのお手本
ゴディンのディフェンス

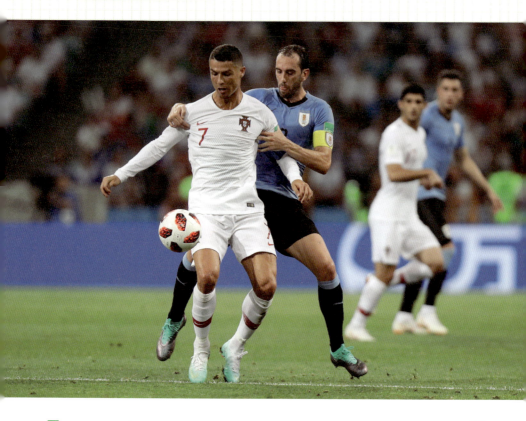

[**相手のプレーを先読みする**]

　海外には攻撃力の高いトッププレーヤーが数えきれないほどたくさんいます。その選手たちをディフェンスするのはとても難しい仕事です。彼らをフリーにしてしまうと自由にプレーされてしまいます。しかし、ゴディンなどの世界レベルのディフェンダーは、しっかり抑えこみます。ゴディンなどに共通するのは、早めにアプローチをかけてカラダをぶつけ、相手を自由にプレーさせないようにすることです。プレーの予測が正確で、相手より先読みできるから1対1で勝つことができます。頭を使った守備を学びましょう。

チームには精神的支柱となるリーダーが必要です。その役割の多くをディフェンスの選手がつとめることは少なくありません。その代表的な選手がウルグアイのゴディン。高い守備力をもつプレーヤーです。

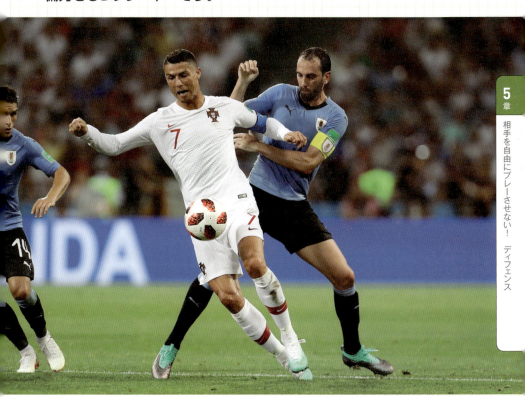

5章　相手を自由にプレーさせない！ ディフェンス

ボールの奪い合いに絶対の強さをもつ

スペイン代表のセルヒオ・ラモスは、ディフェンダーの必要な球際の強さに絶対の自信をもつ選手です。単純な1対1の競り合いで負けることは限りなく少ないといえます。空中戦でもカラダの当て方がうまく大きな相手に対しても負けません。足下のテクニックも優れている優秀なディフェンダーです。

ディフェンスの練習 01
アプローチとドッジング

① オフェンスにアプローチにいく

② アタックしてカラダを寄せる

⑤ オフェンスに抜かれないようステップを踏む

⑥ ほんの少し後ろ体重にする

ポイント

相手を自由にさせないドッジング

ドッジングとは相手との間合いをかえずにステップで対応する動きのことです。相手の動くスピードに合わせながらぬかれないようにします。相手を自由にさせないことが大切です。

ディフェンスの動きの練習です。オフェンスに対して寄せてから、相手が突破しようとするところを下がりながら対応します。守備の基本のステップワークをおぼえましょう。

③ ブロックしたあとオフェンスはボールまで動く

④ オフェンスは振り返って突破の動きを見せる

⑦ 下がりながら相手を徹底マーク

⑧ オフェンスのフェイントにくらいつく

相手のフェイントについていけませんがいいのでしょうか

守備の原則として、自分のゴールを守るためには、ボールとゴールを結んだライン上にポジションをとることが大事なんだ。守備の目的は相手についていくことではなく、ゴールを守ることだから、相手のすべてのフェイントについていかずに、ライン上にポジションをとりつつ、相手をマークするようにしよう。

練習

ディフェンスの練習 02
アプローチから球際

① パスを受けるオフェンスにアプローチ

② 球際で相手にプレッシャーをかける

③ 半身になって方向を限定する

④ オフェンスがパスを出したら入れ替わる

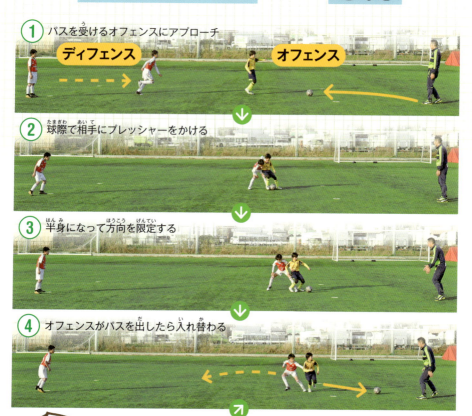

ポイント

守備は中から外に向かって限定する

相手にカラダを当てるときは、中から外に向かって、方向を限定することが大切です。試合ではゴールから遠ざけるのがセオリーとなります。外へ追いやる意識でアプローチしましょう。

オフェンスがキープしているところにアプローチして、球際で相手にプレッシャーをかける練習です。ディフェンスは2人交互に行いますが、チャレンジ&カバーを意識しましょう。

⑤ 2人目がアプローチをかけにいく

⑥ ディフェンスはボールを奪わないがしっかり寄せる

⑦ 後ろにいる1人目はカバーリングのポジションに

⑧ 1人がチャレンジ、2人目がカバーをする

5章 相手を自由にプレーさせない！ディフェンス

カラダの当て方、寄せ方がうまくできません。コツを教えてください。

相手の重心を崩すように、少し下から当たりにいくといいよ。そして、当たるときはボールをしっかり見ておくことが大事なんだ。ボールから目を離さないようにして相手に寄せることを意識してごらん。そして、絶対に前を向かせない強い気持ちをもとう。

練習

ディフェンスの練習 03
デスマルケからの1対1

① オフェンスはボールを受ける前にブロック

Point ディフェンスは相手の動きを冷静に見ておくことが大切!

オフェンスはデスマルケでマークを外す

ディフェンス　オフェンス

②

ポイント

相手の体勢がよくても前を向かせないように

相手がよい体勢でボールを受けたとしても、あせらず前を向かせないように対応しましょう。最低でも前に突破させないこと。マークの際は手でユニフォームをつかまないように注意します。

オフェンスはボールを受ける前にブロックからのデスマルケでマークを外します。ディフェンスはその動きに対応して前を向かせずに外に追い出すのが目的の練習メニューです。

Point 低い姿勢でアタックして自由にプレーさせないように!

相手をプレーエリアから出すように寄せる

5章 相手を自由にプレーさせない！ ディフェンス

相手のターンに対応できません。どうすればいいですか？

まず意識しなければならないことが、相手のプレーに合わせるのではなく、自分（ディフェンス）主導でプレーすること。自分が主導権をにぎって、動きで相手を誘導することが大事になるんだ。相手のターンを、自分が守備をしやすい得意なほうにおびき寄せれば、ターンの前にボールがとれるぞ。

ディフェンスの練習 04
チャレンジ&カバー

Point オフェンスに前を向かせないように
カラダを寄せてアプローチにいく

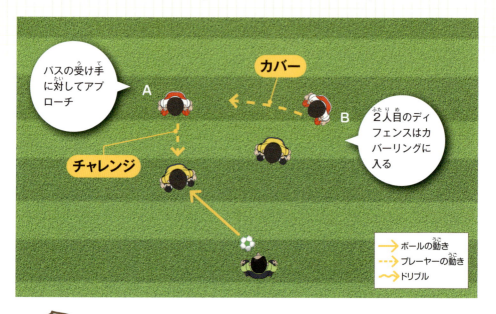

- パスの受け手に対してアプローチ
- カバー
- 2人目のディフェンスはカバーリングに入る
- チャレンジ
- → ボールの動き
- --→ プレーヤーの動き
- → ドリブル

ポイント

マークがずれたらコーチングで修正する

プレーのときにマークがずれてしまったら、仲間同士でしっかりコーチングして修正することが大切です。相手をフリーにさせないためには、コミュニケーションをしっかりとりましょう。

グループで守るディフェンスのセオリーとなる動きがチャレンジ&カバーです。1人が寄せてチャレンジしたら、もう1人がカバーのために斜め後方にポジションをとります。

カバー
チャレンジ
ボールホルダーにしっかり寄せる

ボールと相手を視野にいれるポジショニング

5章 相手を自由にプレーさせない！ディフェンス

チャレンジ&カバーって何ですか？

相手に対して自分1人でマークしにいくだけの考えだと、1対1の場面を作られ突破されたら、そのままゴールに向かわれてしまう。それを防ぐためにもチャレンジ&カバーという守備のコンビネーションがあるんだ。2人でボールを奪うためのポジショニングのことで、1人が抜かれても、2人目がカバーに入って突破されないという戦術。

141

コーチからの上達アドバイス⑤

理想のサッカーを
たくさん観よう

いまや世界中でプロの試合を観ることができます。ヨーロッパのサッカー、南米のサッカー、アジアのサッカーなど、いろいろなチャンネルで中継しています。子どもと大人のサッカーは違うからと、あまり観ないという子がいますが、それは間違いです。よいサッカーを観ることで、必ず自分のプレーのヒントになります。海外の子どもたちは、理想のサッカーを現場で観る環境があります。親や指導者と一緒に観戦しながら、テクニックや戦術、プレービジョンを高めているのです。サッカーには、リズムがあります。一定のリズムで90分間行われるわけではなく、1試合とおしてリズムが変わりながら進みます。それらも感じてもらいたいと思います。ですので、YouTube動画などでまとめられているゴールシーンだけのダイジェストだけでなく、1試合をとおして観てください。試合の流れを観ることで、サッカーを観る「目」も養えるのです。

6章 実戦力を高める！
【ポジショニング&ゲーム】

どう動いてポジションをとれば
試合で効果的になるのか。
サッカーの実戦力を学びましょう。

この章に出てくる
全練習の動画

サッカーのほとんどの時間は ボールをもたない 状況だと知ろう

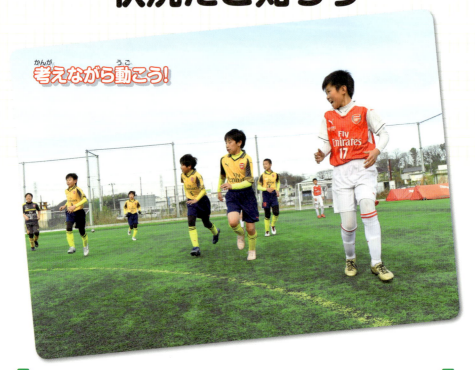

考えながら動こう！

[どんな動きをすることがベストなのかを判断する]

　サッカーはボールをもっている時間がとても少ないスポーツです。プロの試合でも、1試合90分のうち、1人の選手がボールをもつ時間は2分程度です。それ以外の88分間は、ボールをもたない、オフ・ザ・ボールの状況になるのです。そのためにも、ボールをもらうためのテクニックを意識しながらプレーしてください。
　試合で、どこにポジションをとればパスを受けられるか、どのように動けばパスが回るか、優位に試合が運べるかを判断し、すばやくプレーにつなげることが大切になります。

［ディフェンスの「間」にポジションをとる］

　ボールを受けるテクニックでポイントになるのが「間」で受けることです。間とは、ディフェンス同士の中間にあるスペースをいいます。2つの間があり、1つは相手の横と横に生まれるスペースのギャップです。もう1つが、相手の縦と縦に生まれるスペースであるエントラリネアスです。このギャップとエントラリネアスを意識しながらポジションをとれば、相手のマークを外すことができます。ボールの状況や味方、相手の位置を見ながら、さまざまなステップで間に入りパスを受けられるようになりましょう。

「間」に入るポジショニング

ギャップ

ディフェンダーAとBが横並びになっている。その間にポジションをとる。このスペースに入ることをギャップという

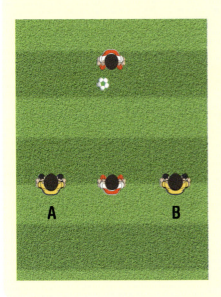

エントラリネアス

ディフェンダーAとBが縦関係の並びになっている。その間にポジションをとる。このスペースに入ることをエントラリネアスという

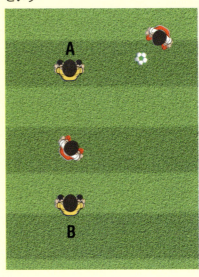

お手本

トッププロのお手本
ブスケツのプレーの流れ

[ボールを散らし試合をコントロール]

　スペイン代表やFCバルセロナのポゼッションサッカーに欠かせない選手が、アンカー（ワンボランチ）をつとめるブスケツです。上の写真のように、つねに周囲の状況をうかがい、シンプルにプレーしながらボールを前後左右に散らして展開し、試合をコントロールします。

　中盤でボールを引き出すために、ギャップやエントラリネアスにポジションをとる、そのタイミングはぜひ見てもらいたいプレーです。パス＆コントロールの精度やポジショニングは世界トップレベルの選手といえます。

ボールを回しながら攻撃的なゲームを展開するうえで、中盤でボールをさばいたり、ボールを落ちつかせたりする選手はとても重要になります。その代表例がスペイン代表のセルヒオ・ブスケツです。

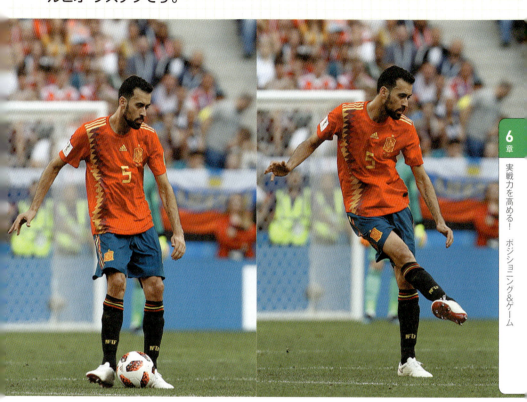

ポジショニングセンスがある ダビド・シルバに学ぼう

相手の最終ラインと中盤の間にポジションをとってボールを受けるのがうまい選手の1人が、ダビド・シルバです。視野が広くピッチでの出来事をふかんレベルで見ることのできる選手で、どこにスペースがあるのか、生まれるのかを瞬時に見つけることができるポジショニングセンスに長けています。

6章 実戦力を高める！ ポジショニング＆ゲーム

ポジショニング&ゲームの練習 01
ポゼッショントレーニング

設定
- 4対4＋コートの四方にフリーマンを4人
- ※フリーマンとは、オフェンス側の味方になるプレーヤーのこと
- フリータッチ
- フリーマンはオフェンスの仲間になり8対4でプレー

ルール
- ショートパス、ショートパスをつないだあとにロングをねらう
- 間に入ってボールを受けることでディフェンスを食いつかせる（ギャップとエントラリネアス）
- どうすればいいのかわからないときはシンプルにプレーする
- ディフェンスはボールを奪ったらオフェンスになる

Point
頭を使ってよいポジションをとろう

学んできたすべての要素を使おう

→ ボールの動き
⇢ プレーヤーの動き
→ ドリブル

ギャップやエントラリネアスでボールを受けると何がよくなりますか？

ボールをもったときの選択肢が広がるんだ。マークをされていない状況でボールをもらえれば、360度フリーな状態でプレーすることができるぞ。

試合でどうやってポジションをとるか、どうプレーすればよいかはポゼッショントレーニングで養うことができます。プレーのねらいやここまで学んできた集大成としましょう。

練習のポイント

① パスコースを確保

ボールホルダー（緑）のパスコースを確保するために、ポジショニングを考える

現在……
オフェンス：赤・緑
ディフェンス：黄

② 攻守の切り替え

ディフェンスはボールを奪ったらオフェンスにかわる。攻守を切り替えてポジションをとりなおす

ボール奪取！

現在……
オフェンス：黄・緑
ディフェンス：赤

コツ ポゼッショントレーニングのコツ 1

リターンしてギャップで受ける

Point
ショートパスでの
リターンを活用し
テンポよくパスを回そう

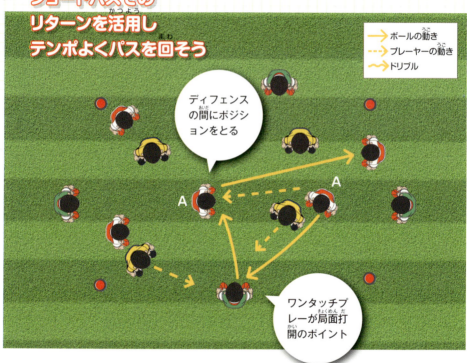

→ ボールの動き
---▶ プレーヤーの動き
→ ドリブル

ディフェンスの間にポジションをとる

ワンタッチプレーが局面打開のポイント

間に入るタイミングがわかりません。

ディフェンス2人の間のギャップにいるが、ポジションをとるときに大事なのは相手の視線。相手2人がボールを見た瞬間は、自分のことを見失う。だから、そのタイミングで動いてポジションをとるとうまくいくよ。

ポゼッションゲームを進めるうえで、ディフェンスの間にできるギャップやエントラリネアスにポゼッションをとり、ボールを受けることで、ゲーム展開をよくすることができます。

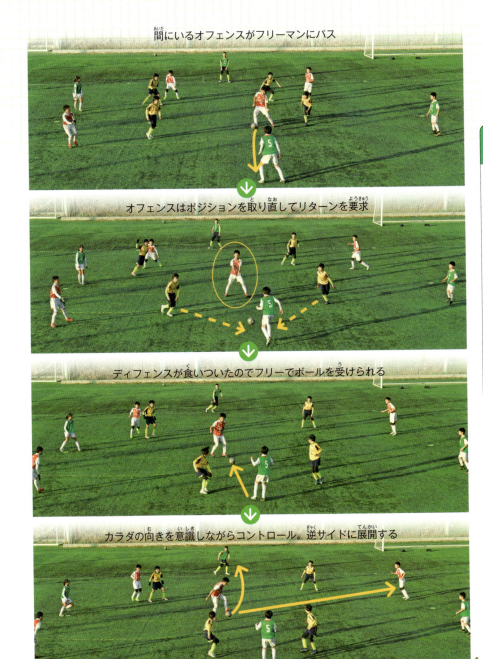

間にいるオフェンスがフリーマンにパス

オフェンスはポジションを取り直してリターンを要求

ディフェンスが食いついたのでフリーでボールを受けられる

カラダの向きを意識しながらコントロール。逆サイドに展開する

ポゼッショントレーニングのコツ❷
引きつけてからサイドチェンジ

Point あまり動きすぎると ポジションバランスが 崩れるので注意しよう

いつも遠くを意識しておく

→ ボールの動き
⇢ プレーヤーの動き
→ ドリブル

相手の逆をつくことがポイント

どうしてもボールを もちすぎてしまうんです。

ボールをもちすぎるということは、ポジショニングが悪くディフェンスにマークされている状況。プレーを難しくさせているね。まずは、プレーに悩んだらシンプルにボールをはたくこと。そして、頭を使ってプレーできるように考えながらポジションをとろう。

ポゼッションでは、相手を食いつかせてからサイドチェンジすることが有効です。選手が密集し周辺がせまくなったら逆を見て、間でボールを受けたら逆サイドへ展開しましょう。

ショートパスをつないで相手を同サイドに引きつける

間にポジションをとった選手にボールを入れる

フリーで受けたらファーストタッチで反転。逆サイドへ

いつも相手のいないところを探しながらボールを回そう

ポジショニング&ゲームの練習 02
3グリッド・ラインン通過ゲーム

設定
- 6対6でミニゲーム
- コートを3つのラインにわける
  ① ディフェンディングサード
  ② ミドルサード
  ③ アタッキングサード
- ①に3人、②に2人、③に1人配置する

ルール
- ポゼッションしながらライン通過をめざす
- パスかドリブルでラインを通過でき、そのプレーヤーはそのままそのエリアでプレーできる
- プレーが切れたら元のポジションにもどる

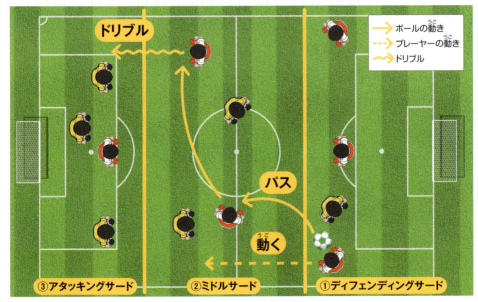

いつドリブル？ いつパスで進入すればいいですか？

そのときの状況によってなので、これだという答えはいえないんだよね。だけど、セオリーとしては、ボールをもったとき、スペースが空いたらドリブルで運ぶ。自分にプレッシャーがかかっているときはパスで進入するのが多いね。

6対6でのゲームです。ポイントはライン通過という制限があることです。各3つのエリアに選手を配置し、前のエリアに移動するにはパスかドリブルで侵入したときに許されます。

練習のポイント

① ドリブルで侵入

ライン通過はドリブルで侵入できる

ドリブル

② パスで侵入

前のエリアにパスを出すことで、パスの出し手がエリアに侵入できる

パス

③ ポジションバランス

パスコースをつくるためにも幅と奥行を考えてポジションをとる

④ 崩しのコンビネーション

攻撃の崩しではワンツーや3人目の動きで崩していく。コミュニケーションをとろう

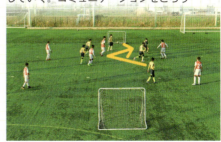

6章 実戦力を高める！ポジショニング&ゲーム

指導者の心得

[日本に、世界基準の環境を つくるのが指導者の役目]

サッカーは日本人に向かないスポーツなのか！？

　正直、サッカーは日本人には向かないスポーツといえます。1800年代中頃にイギリスでサッカーは生まれましたが、ルールも狩猟民族である彼らのメンタリティに合わせてつくられ、農耕民族の日本人がもつ価値観や発想ではありません。

　日本人は、与えられたタスクを忠実に実行するようなスポーツ文化が根付いています。サッカーのように、自分の判断で自分を表現してプレーするという考えを、もともともちあわせていないのです。

　しかし、現代社会は、サッカーのような自分で考えて成果を上げることが必要になってきました。これは、スポーツだけでなく仕事も同じで、自分で判断しクリエイティブに行動することが求められてきています。現代社会で生きていくための能力は、サッカーで必要な能力と同じなのです。

自らが考え行動できる選手になるよう指導する

　サッカーも、ひと昔前は決められたタスクをこなしているだけの人が多かったのですが、現代サッカーを通じて「認知、判断、行動」の大切さが徐々にわかってきました。それらを、子どもに伝えられるように指導者は考えていかなければならないと思います。

　トレーニングでは、はじめから正解を見せずに、子どもたちにどんな目的のある練習なのか。このトレーニングによって何が習得できるのか。などを考えさせる「クセ」づくりをさせます。そして、指導者の指示待ちにさせずに、自らが行動できるような選手になれるよう指導していくのが理想です。

もっとも問題なのは、大人の言うことに子どもが盲目的に従ってしまうような状態です。こうなると、大人が言葉を発しないかぎり、子どもはまったく動きません。これでは、試合で状況判断しながらサッカーすることができるはずもないのです。

指示どおりのサッカーは、面白いはずがありません。何のためにサッカーをプレーしているのか。それは、サッカーが楽しいスポーツだからじゃないでしょうか。つまらないと思うことをつづけていくことは不可能です。楽しくプレーさせるためにも子どもたち自身に考えさせ、新しい発見をさせること。これこそが指導者が一番に考えるべきことなのです。

サッカーが好きだという気持ちを忘れない

指導者は、楽しくサッカーができる環境をつくらなければなりません。私は、世界基準の環境をつくるよう努力しています。これが、日本各地に広がることを願っています。

42ページのコラムでもお伝えしましたが、練習時間が長ければうまくなるなどということはありません。1日2時間、3時間もダラダラと練習しても、うまくはならないのです。短時間で集中し100%を出しきって練習したら、それ以外の時間をプライベートな時間、勉強したり遊びに行ったりしたほうが、かえってサッカーにも生きてきます。サッカー以外の社会を見て感じることで、もっと感性がよくなるでしょう。

私も指導者をしながら、プレーヤーとしてもサッカーをつづけています。それは、サッカーが好きだからというのが一番大きいのです。また、サッカーをすることでカラダも健康になり、メリットしかないと思っています。

プレーヤーズファーストを第一に考える

プレーヤーズファーストという言葉があります。ピッチのなかでは、プレーヤーが第一であり、もっとも尊重さ

れるものだということです。ですので、まわりにいるサポートする人たちは、選手（子ども）にとって何がベストなのかを考えなければなりません。

サッカー選手は、自ら考えてプレーし、成功と失敗をくり返しながら成長していきます。それらを見守ることも大人の役目です。

うるさいくらいに指示を出したり、細かいことをいうよりも、選手に考えさせて行動させるような環境をつくれば、必ず自立した選手に育ちます。

そして、技術的なことでいえば、教科書どおりにすべてやるという発想ではなく、あくまでヒントとして活用し、自分たちのアイデアが重要だということを教えてください。

たとえば、ボールの蹴り方は「絶対こうでないとダメ！」ということはありません。大げさにいうと「結果よければすべてよし」です。おかしな蹴り

方になっても、思ったところにボールを蹴られるのなら問題はないのです。これらのクセは、サッカーでは武器にもなります。まったく蹴れない子には、基本を教えますが、ボールを蹴られるようになったら、反復練習で自分のキックを見つけられるように意識してごらんと伝えてください。

はじめにも言いましたが、日本人プレーヤーは与えられたタスクを忠実にこなすという能力をもっています。これはデメリットではなく、日本人のよさともいえます。このよい部分を生かしながらサッカーをしていくことも、今後の日本サッカーには必要だと思います。

すべてをヨーロッパなどのサッカー先進国のマネをするのではなく、日本人のよさを生かした新しいサッカープレーヤーを育成していくことが、私のミッションだと思っています。

おわりに

もともとサッカーは遊びの1つです。
遊びだからこそ、もっと自由に、もっと楽しんでください。
誰かに練習しなさいと言われてサッカーをしても、
心の底から楽しいとは思えないでしょう。
無理強いしても嫌いになるだけです。そんな悲しいことはありません。

サッカーをプレーするみんなが、サッカーを好きになってほしいのです。
そのためにも、子どもが自主的にサッカーを
プレーする環境が大事になります。
それらをつくるのは指導者や親、まわりのサポーターの役目です。
本書は、ジュニア年代に習得するべきテクニックを紹介しています。
これらの練習をただやるのではなく、楽しみながら行ってください。

その楽しさは、プレーを考えて、
新しい発見をしたときに味わうことができるでしょう。
サッカーは自由です。サッカーに正解はありません。
いろいろなアイデアを出して、新しいサッカーをつくっていきましょう。

アーセナルサッカースクール市川代表
幸野健一

●監修
幸野健一 (こうの けんいち)
アーセナルサッカースクール市川代表
サッカーコンサルタント

1961年9月25日生まれ。東京都出身、中央大学卒。育成を中心にサッカーに関わる課題解決をはかる、サッカー・コンサルタントとして活動し、各種サッカーメディアにおいても対談、コラム等を担当する。2014年4月に千葉県市川市に設立された、アーセナルサッカースクール市川の代表に就任。専用の人工芝グラウンドを所有し、イングランドのアーセナルFCの公式スクールとして、日本の子どもたちをアーセナル流の育成方法で育てている。

●制作協力
南里雅也 (なんり まさや)
U-12監督

●制作協力
黒澤 博 (くろさわ あつし)
フィジカルトレーナー

●撮影協力
アーセナルサッカースクール市川

新しいジュニアサッカー入門

監修者	アーセナルサッカースクール市川代表 幸野健一
発行者	池田士文
印刷所	株式会社光邦
製本所	株式会社光邦
発行所	株式会社池田書店 〒162-0851 東京都新宿区弁天町43番地 電話03-3267-6821(代)／振替00120-9-60072

落丁、乱丁はお取り替えいたします。
© K.K.Ikeda Shoten 2019,Printed in Japan

ISBN978-4-262-16648-3

本書のコピー、スキャン、デジタル化等の無断複製は著作権法上での例外を除き禁じられています。本書を代行業者等の第三者に依頼してスキャンやデジタル化することは、たとえ個人や家庭内での利用でも著作権法違反です。

19000003

Staff

●編集
株式会社多聞堂

●取材・構成
城所大輔

●デザイン
小山 巧・齋藤清史
(志岐デザイン事務所)

●イラスト
庄司 猛

●マンガ・イラスト
杉谷エコ

●マンガ編集
藤本 亮(サイドランチ)

●スチールカメラマン
勝又寛晃

●写真提供
川森睦朗

●ビデオカメラマン
前島一男

●校閲
聚珍社
村上理恵